C·H·Beck
PAPERBACK

«Liebi Maitli und Buebe!» Mit dieser schmeichelhaften Anrede kündigt sich ein Klassentreffen an. Julia Onken muss nicht lange überlegen: Sie ist dabei. Und ahnt noch nicht, was sie da erwartet: Ein Klassentreffen ist eine Lehrstunde. Wie in einem Film bekommen wir vorgeführt, welche Lebensmodelle uns zunächst zur Verfügung standen und wie wir damit in die Welt gestartet sind, ob sie uns ein gutes Selbstwertgefühl zu vermitteln vermochten oder ob wir lebenshinderliche Muster zu überwinden hatten. Vielleicht begreifen wir erst im Rückblick auf unsere Schulzeit, weshalb bestimmte Ereignisse tiefe Spuren in uns hinterlassen haben, die uns bis ins Alter prägen. Vielleicht kommen wir uns endlich auf die Schliche. Ein so komisches wie altersweises Buch der großen Psychologin über prägende Erfahrungen, unsere Vorstellungen von der Welt und uns selbst sowie darüber, was sie aus und mit uns machen.

Julia Onken ist diplomierte Psychologin, Psychotherapeutin und Leiterin des Frauenseminars Bodensee. Von ihr sind bei C.H.Beck u. a. lieferbar: *Eigentlich ist alles schief gelaufen. Mein Weg zum Glück* (^{3}2011), *Vatermänner. Ein Bericht über die Vater-Tochter-Beziehung und ihren Einfluss auf die Partnerschaft* (^{8}2020), *Feuerzeichenfrau. Ein Bericht über die Wechseljahre* (^{7}2014); *Im Garten der neuen Freiheiten. Ein Reiseführer für die späten Jahre* (2015); *Rabentöchter. Warum ich meine Mutter trotzdem liebe* (^{3}2018); *Mit dem Herzen der Löwin. Warum Frauen ihr Selbstbewusstsein verlieren und wie sie es zurückgewinnen* (2018).

Julia Onken

KLASSENTREFFEN

Einladung in die unaufgeräumte Vergangenheit

Ein psychologischer Bericht

C.H.Beck

Originalausgabe

www.chbeck.de
Umschlaggestaltung: geviert.com, Christian Otto
Umschlagabbildung: © Shutterstock
Satz: C.H.Beck.Media.Solutions, Nördlingen
Druck und Bindung: Druckerei C.H.Beck, Nördlingen
Printed in Germany
ISBN 978 3 406 77547 5

myclimate

klimaneutral produziert
www.chbeck.de/nachhaltig

INHALT

DIE EINLADUNG

«Liebi Maitli und Buebe»

Mit dieser schmeichelhaften Anrede kündet sich ein Klassentreffen an. Ich muss nicht lange überlegen: Ich bin dabei. Ich ahne nicht, dass sich mit diesem Entschluss unverzüglich Bilder aus der längst vergangenen Schulzeit in mein Gedächtnis drängen, als ob sie nur darauf gewartet hätten, endlich Beachtung zu finden. Kindergesichter tauchen aus der Erinnerung auf, die einen unbeschwert und lachend, andere bedrückt und etwas verloren, sie bahnen sich einen Weg durch die vielen Jahrzehnte und sind in einer Lebendigkeit vorhanden, als ob sich alles erst gestern abgespielt hätte.

Die Namensliste der Eingeladenen ist lang, bei wenigen mit dem Vermerk «verstorben» versehen. Ich bin unangenehm berührt. Was ist ihnen wohl zugestoßen? Und was ist mit den noch Lebenden? Was ist aus ihnen geworden? Was haben sie auf der langen Reise bis zum heutigen Tag erlebt? Landeten sie auf einer lieblichen Spielwiese, vom Glück rundum umflort, oder aber wurden sie herausgefordert und mussten stürmischen Lebensverhältnissen die Stirn bieten? Wie haben sich die Querschläger, Unflätigen und Unangepassten entwickelt, hat sie inzwischen die sogenannte Altersmilde weichgespült und umgänglicher gemacht?

Viele Fragen. So weckt die Ankündigung eines Klassentreffens vielfältiges Bildmaterial aus der Kindheit, das weit mehr als nur ein netter Zeitvertreib im vielleicht etwas erlebnisreduzierten Seniorendasein ist.

Kindheit
Es wäre gut viel nachzudenken, um
von so Verlornem etwas auszusagen,
von jenen langen Kindheits-Nachmittagen,
die so nie wiederkamen – und warum?

Noch mahnt es uns –: vielleicht in einem Regnen,
aber wir wissen nicht mehr was das soll;
nie wieder war das Leben von Begegnen,
von Wiedersehn und Weitergehn so voll

wie damals, da uns nichts geschah als nur
was einem Ding geschieht und einem Tiere:
da lebten wir, wie Menschliches, das Ihre
und wurden bis zum Rande voll Figur.

Und wurden so vereinsamt wie ein Hirt
und so mit großen Fernen überladen
und wie von weit berufen und berührt

und langsam wie ein langer neuer Faden
in jene Bilder-Folgen eingeführt,
in welchen nun zu dauern uns verwirrt.
Rainer Maria Rilke

RÜCKBLENDE

Lerncampus

Wir haben damals viel Zeit miteinander verbracht, haben gespielt, gelacht und geweint, haben neugierig und staunend Fremdes erkundet und uns den Anforderungen gestellt, sich mit dem vorgegebenen Schulstoff auseinanderzusetzen, zu begreifen und zu lernen. Freundschaften entstanden, die auch außerhalb der Schule eine große Bedeutung eingenommen haben. Gegenseitig vertrauten wir uns unsere Gedanken und Träume an, erforschten die Umgebung, streunten je nach Wohnverhältnissen durch Feld und Wald oder Gassen und Hinterhöfe, machten aufregende Entdeckungen, von denen niemand etwas erfahren durfte, hüteten Vertraulichkeiten, oder aber wir erlebten erste Enttäuschungen, wenn Geheimnisse ausgeplaudert wurden. Durch die Begegnung mit anderen Kindern eröffnete sich uns eine neue, unbekannte Welt.

Das Aufeinandertreffen im Erwachsenenalter anlässlich eines Klassentreffens führt uns in eine Zeit zurück, in der wir als Kind allmählich begannen, uns mit den allgemeinen Leitlinien von Erwachsenen auseinanderzusetzen. Zunächst ist die Familie ein geschlossenes System mit einem eigenen Regelwerk und setzt Parameter, das Werte und damit wünschenswertes von unerwünschtem Verhalten unterscheidet. Bezugspersonen sowie nahe Familienmitglieder, denen wir in unserem jungen Leben begegnen, zeichnen erste Spuren und hinterlassen einen prägenden Einfluss. Dazu gehören die Eltern, Geschwister, Großeltern, weitere Verwandte und Betreuungspersonen.

In dem Moment, wo Erfahrungen außerhalb des familiären Umfeldes ermöglicht werden und der geschützte Raum des Gewohnten verlassen wird, gesellen sich andere, unvertraute Modelle und Muster ergänzend dazu. Ebenso wird auch die Umgebung, in der ein Kind aufwächst, seine Spuren hinterlassen. Je nachdem, ob wir in einem Dritte-Welt-Land, ohne Strom und Wasser, oder in einer hochtechnisierten, virtuell vernetzten Gesellschaft aufwachsen, das Hirn wird sich entsprechend den wahrnehmbaren Ereignissen ausbilden. Obwohl davon auszugehen ist, dass wir bei der Geburt nicht als *carte blanche* auf die Welt kommen, sondern bereits vorgeburtliche Wesensmerkmale und Signaturen mitbringen, werden sich Hirnstrukturen, die für das Denken verantwortlich sind, den Erfahrungen und Erlebnissen gemäß herausbilden.

Die Familie ist also die erste Gruppe und lässt das Kind im günstigsten Fall die Zusammengehörigkeit der Familienmitglieder als Urheimat erfahren, die Geborgenheit und Sicherheit vermittelt. Es erlebt, wie Menschen miteinander umgehen, sich bei Unstimmigkeiten dennoch wohlgesinnt, respektvoll und unterstützend verhalten, oder aber es macht die schmerzliche Erfahrung, ungeborgen und nicht aufgehoben zu sein, erlebt heftige Auseinandersetzung oder gar Streit, und es lernt familieneigene Gesprächsformen und Kommunikationsmodelle. Das Kind befindet sich im familiären Lerncampus und wird mit familieninternem Lehrmaterial versorgt, die Qualität der Lerninhalte allerdings vermag es noch nicht auf ihre Nützlichkeit zu prüfen und zu begutachten, sondern nimmt es zunächst als gegeben auf. Dies alles prägt sich tief im noch zu formenden kindlichen Gemüt ein. Ob sich die vermittelten Lektionen als zukünftig lebensförderlich oder -hinderlich erweisen werden, wird sich erst im späteren Alter zeigen. Das Lernfeld Elternhaus setzt als Auftakt wichtige Parameter, die im Laufe der Entwicklung erweitert, ergänzt oder korrigiert werden. Bereits mit Eintritt in Kindergarten oder Schule erfolgen nächste Lernschritte – eine größere soziale Gemeinschaft mit zum Teil unbekannten Erlebniswelten. Bis zu diesem Zeitpunkt kannten wir nur einen beschränkten Ausschnitt der vielen Lebensverhältnisse und Möglichkeiten. Es gab eine einzige Mutter, einen einzigen Vater. Plötzlich gibt es viele Mütter, viele Väter, die entweder das bekannte Bild bestätigen, vielleicht etwas davon abweichen, oder aber in keiner Weise dem bekannten Mutter- oder Vaterbild entsprechen. Die Vielfalt der neuen Möglichkeiten lässt sich mit einem gigantischen, noch ungeordneten Angebot von Filmausschnitten vergleichen.

Lange bevor 1950 der englische Psychiater John Bowlby das Konzept der Bindungstheorie entwickelte, hatte Sigmund Freud dafür gesorgt, die Kindheitserfahrungen als prägende und formende Einflüsse für die Ich-Entwicklung zu verstehen. Leider hat sich dabei auch ein gravierendes Missverständnis eingeschlichen. Es gehört ja inzwischen bereits zum Grundwissen, dass die ersten Erfahrungen, die im Elternhaus gemacht wurden, den weiteren Verlauf im Erwachsenenalter bestimmen – ob Herausforderungen, die das Leben stellt, erfolgreich gemeistert werden oder aber bereits ein Scheitern vorprogrammiert ist. Diese Annahme ist zwar wichtig und erlaubt rückblickend gelegentlich ein besseres Verständnis der eigenen Lebensgeschichte. Gleichzeitig enthält sie auch eine Gefahr. Denn eine derart anthropologische Hintergrundannahme ist problematisch, sie bezieht sich auf ein naturalistisches Menschenbild, operiert mit reduktionistischen Ansätzen und vermittelt dadurch eine rückwärtsgewandte Datenauswertung familiärer Herkunft mit ebenso zukünftiger Berechenbarkeit.

Demgegenüber steht die humanistische Ausrichtung, die den Menschen als ein mit «Geist» ausgestattetes Wesen betrachtet. Zahllose biografische Zeugnisse belegen eindrucksvoll, dass die Gleichung «schwere Kindheit gleich glücklose Zukunft» falsch ist. Gerade die Auseinandersetzung mit einem schwierigen Elternhaus, das nicht in der Lage war, Schutz und Orientierung zu vermitteln, fordert die Eigenleistung heraus, nötige Entwicklungsschritte zu vollziehen, um überhaupt zu überleben. Wie neurobiologische Forschungen aufzeigen, steht dem Hirn stets die Möglichkeit der Weiterentwicklung zu Gebote. Der Mensch befindet sich in einem ständigen Prozess, in dem Eindrücke und Erfahrungen verarbeitet werden.

Deshalb ist der Begegnung mit anderen Kindern und ihren Lebensverhältnissen eine große Bedeutung zuzumessen. Es öffnen sich zusätzliche Fenster, die noch unbekannte, neue Lebensbilder vermitteln. Auch wenn das Ausmaß von Eindrücken noch nicht vom Verstand eingeordnet und entsprechend verarbeitet werden kann und deshalb auch keine bewussten

Vergleiche vorgenommen werden können, prägen sie sich dennoch ein und werden gespeichert. So werden dem Erleben des eigenen familiären Systems noch andere, völlig unterschiedliche Familienkonstruktionen hinzufügt und sorgen dafür, dass ein Kind auch abweichende Modelle kennenlernt.

In den nachfolgenden Beispielen werden Mütter, Väter, Geschwisterkonstellationen und Familienmodelle beschrieben. Wie daraus sichtbar wird, ist jede Prognose über einen weiteren möglichen Verlauf der Entwicklung beinahe schon ein Fehlschluss. Die geläufige Annahme, dass sich die Verhältnisse des Elternhauses richtungsweisend und bestimmend auf das zukünftige Leben auswirken, ist falsch und muss korrigiert werden. Zweifellos werden die Erfahrungen, die wir als Kind gemacht haben, unser Weltbild beeinflussen, aber es kommt vor allem darauf an, ob wir uns mit dem Erlebten kritisch auseinandergesetzt haben, Korrekturen anbringen und damit die Lebensgestaltung in eine selbstgesteuerte Richtung lenken. Deshalb sind diagnostische Überlegungen, welche die zukünftige Lebensführung samt Erfolgsberechnung schematisch erfassen wollen, grundsätzlich zum Scheitern verurteilt. Das Leben ist viel bunter, vielfältiger und lässt es nicht zu, die individuellen Eindrücke und Einflussmöglichkeiten zukunftsprägend in ein Schema einzusortieren. Viel spannender ist es, den eigenen Erfahrungen nachzuspüren, sich zu fragen, welche Informationen sich daraus ableiten ließen und wie sich diese zu einem eigenen Weltbild zusammengefügt haben.

Somit kann jedes Klassentreffen zu einer Fundgrube aus jener Zeit werden, in der wir gerade dabei waren, durch prägende Erfahrungen unsere Vorstellung über die Welt und uns selbst zu entwickeln. Das Zurückerinnern in jene Kinderzeit, in der sich die aufnahmewillige Hirnmasse gefügig kneten und beeinflussen ließ, befördert so manches ans Tageslicht und gibt Hinweise darauf, was wir an Perspektiven, Impulsen und letztlich Prägungen zur eigenen Lebensgestaltung erhalten haben, ob es uns gelungen ist, Eindrücke zu ordnen, und schließlich, was wir voneinander gelernt haben.

Sich mit jenen Menschen wieder zu treffen, mit denen wir als Kind viel Zeit verbracht und die uns in der Konstruktion unserer Identität wesentlich beeinflusst haben, ist wie ein Spiegel des eigenen Entwicklungsprozesses. Vielleicht lässt sich so die Frage beantworten, wie wir die geworden sind, die wir sind. Der Blick zurück bringt uns näher zu uns selbst, zu unserem innersten Kern.

Die schiefe Holzbank

Der Treffpunkt für die Klassenzusammenkunft ist der uns allen vertraute Garten des Restaurants Schloss Seeburg, nur wenige Minuten von unserem ehemaligen Schulhaus entfernt, inmitten eines großen, mit uralten prächtigen Baumgruppen bewachsenen Parks. Inzwischen hat sich einiges verändert. Damals reichte der private Landbesitz bis dicht zur Uferböschung hin. Das Wasser war durch einen schmalen Kiesweg gesäumt, der während der Sommermonate regelmäßig überspült wurde und uns Kinder vor die vergnügliche Herausforderung stellte, entweder geschickt um die großen Pfützen herumzuzirkeln oder sie mit einem kühnen Sprung zu bewältigen. Gelegentlich gab es nasse Füße, was weiter nicht schlimm war, da sich niemand darum kümmerte. Inzwischen hat die Gemeinde das sich über mehrere Hektar erstreckende Großgrundstück erworben, gründlich Hand angelegt und nach schweizerischer Manier die zur unbekümmerten Üppigkeit neigende Pflanzenwelt zurechtgestutzt. Durch umfangreiche Aufschüttungen am Ufer entlang haben sich die topografischen Verhältnisse erheblich verändert, zusätzliches Erdreich wurde dazugewonnen und zum einladenden sonntäglichen Spazierlabyrinth umgestaltet, mit kleinen Teichen, wo Enten, Frösche und Fische zu sehen sind und sich nun Familien, ohne große Umstände, ohne sich die Schuhe zu beschmutzen, in aufgeräumter Stimmung Natur und See genießen können.

Obwohl der Wetterbericht bereits für die frühen Morgenstunden leichte Schauer angekündigt hat, ist davon zunächst nichts zu spüren. Es ist ein außergewöhnlich warmer Tag im Mai. Die Sonne strahlt mild und heiter und wirkt wie eine besonders gastliche Einladung in eine längst vergangene Zeit. Zahlreiche riesengroß gewachsene Buchen, schlanke meterhohe Zedern und sonstige Bäume stehen noch immer majestätisch und standhaft, als ob sie dem umtriebigen Gestaltungswillen emsiger Politiker trotzen, ihnen einen Strich durch die Rechnung maßloser Selbstüberschätzung machen und Zeugen einer vergangenen Zeit die Treue halten wollten.

Da steht auch noch die uralte Kastanie mit ihren gigantischen, mit schwerem Blätterwerk beladenen Ästen, die beinahe bis zum Boden reichen. Sich dicht am Stamm anlehnend, mit leichtem Neigungswinkel nach vorne gibt es dort eine Holzbank – ob es noch dieselbe von damals ist? Wohl kaum. Aber sofort drängen sich bunte Bilder in die Erinnerung, wie einst Pedrino und ich ziemlich unbeholfen versuchten, die Balance zu halten, um nicht nach vorne abzurutschen, einigermaßen ratlos, weil wir nicht wussten, was wir miteinander anfangen sollten. Er erzählte mir, dass die Katze Junge bekommen habe, sieben an der Zahl, was mich sehr interessierte. Ich meinerseits berichtete, dass ich für meine Lieblingspuppe ein neues Kleid bekommen habe und dass es meiner Mutter gelungen sei, in einer verwinkelten Gasse in Konstanz direkt hinter dem Zoll eine Reparaturstätte für Spielzeug zu finden, um einer anderen von mir favorisierten Puppe den fehlenden Arm wieder einsetzen zu lassen, was ihn aber nicht sonderlich zu interessieren schien.

Die Schule hatte unerwartet eine Stunde früher als üblich aufgehört, und nachdem unsere Absicht, die Eisenbahn, die direkt am nördlichen Zipfel des Parks vorbeifuhr, zum Anhalten zu bringen, gründlich danebenging, weil die Steine, die wir auf die Gleise gelegt hatten, einfach zermalmt wurden, zogen wir zwar enttäuscht, gleichzeitig aber auch etwas erleichtert weiter, um noch Verstecken zu spielen. Und plötzlich landeten wir auf der Bank, schauten uns verdutzt an, seit Jahren zwar vertraut und uns doch so fremd. Wir hatten zusammen den Kindergarten besucht, erste Annäherungs- und Erkundungsversuche des anderen Geschlechts unternommen, wobei der Impuls von ihm ausging. Pedrino hatte noch einen jüngeren und einen älteren Bruder, jonglierte stets zwischen zwei Altersgruppen hin und her. Entweder schloss er sich seinem älteren Bruder an oder, falls dieser ihn nicht mitnehmen wollte, er begnügte sich mit dem Spielangebot des Kleineren, und sie lieferten sich auf dem Roller ihre Wettkämpfe, die er immer gewann. Seine Position zwischen zwei Brüdern hatte ihn früh gelehrt, sich zwischen zwei Lagern nach den vorhandenen Möglichkeiten umzuschauen und entsprechend seiner Neigung zu jonglieren. Er hatte also stets mehrere Optionen zur Verfügung, was nicht selten dazu führte, dass er sich nicht entscheiden konnte. Er war immer gut gelaunt, machte Späßchen und hatte meist etwas auf Lager, um uns zum Lachen zu bringen. Kam es zu Streitigkeiten, war er es, der versuchte zu vermitteln. Es würde mich nicht wundern, wenn er mit diesen bereits im Kindesalter erlernten Kompetenzen eine diplomatische Laufbahn eingeschlagen oder als Paartherapeut zerstrittene Partner wieder miteinander in Verbindung gebracht hätte.

Aber er war auch neugierig, und weil er mit Brüdern aufwuchs, wollte er etwas mehr über Mädchen erfahren. Als er mich einmal darum bat, ihn unter mein Röckchen schauen zu lassen, und er mir im Gegenzug Einblick in seine Andersartigkeit in Aussicht stellte, wusste ich nicht so recht, was mit diesen neuen, vor allem visuellen Eindrücken anzufangen sei. Auch er schien von weiteren Erkundigungen Abstand zu nehmen, was ich darauf zurückführte, dass von ihm kein aktives Interesse mehr an mir bestand. Später haben wir gemeinsam sämtliche Klassen durchlaufen und lampenfiebrig Prüfungen erlitten, immer mit beinahe unüberbrückbarer, aber stets freundlicher Distanz, bis sich unsere Wege später nochmals heftig kreuzten, wir uns kurzfristig verliebt an den Händen hielten, dann aber, anlässlich einer unglücklich verlaufenden Junioren-Segelregatta, für immer trennten. Auch ihm werde ich wohl wieder begegnen. Ich bin gespannt.

WAS IST NORMAL?

Wenn Eltern sich küssen

Bevor ich mich in alten Erinnerungen verlieren kann, erkenne ich Loni schon von weitem, unverkennbar, die Fußspitzen genau wie früher etwas nach innen gedreht, die Arme vor dem Oberkörper leicht angewinkelt, wie wenn sie wachsam auf einer Kommandobrücke nach dem Rechten zu sehen hätte. Sie hat sich also nicht verändert. Vielleicht ist sie nicht mehr ganz so stramm und kerzengerade aufgerichtet, der Oberkörper ganz leicht nach vorne geneigt. Wir umarmen uns und schauen einander an. Was ist aus uns geworden? Ist es ein wehmütig fragender Blick? Wir haben uns seit der Schulzeit nur noch einmal in der Lebensmitte anlässlich einer Klassenzusammenkunft getroffen und seither nie mehr gesehen. Nun begegnen wir uns als alte Frauen wieder. Vielleicht aber schwingt eine eigenartige Ambivalenz mit hinein, eine Art von Bedauern, mit einem Hauch von Überlegenheitsgefühl durchzogen, ausgerechnet zu jenen zu gehören, die noch immer am Leben sind? Die Gefühlsambivalenz, ebenfalls vertraut, wenn damals nach einer wichtigen Klausur nicht mehr alle Kinder mit dabei waren. Mit Loni ging ich sechs Jahre zur Schule. Sie schaffte die

Prüfung in die Sekundarschule nur knapp, flog dann nach der Probezeit aus der Klasse, was ich sehr bedauerte, dann verloren wir uns aus den Augen. Ich mochte sie sehr, mehr noch, sie gefiel mir außerordentlich gut. Sie hatte alles, was ich nicht hatte. Nicht nur ihr ebenmäßig fein gezeichnetes Gesicht faszinierte mich, denn so stellte ich mir eine Prinzessin vor – übrigens sind ihre Gesichtszüge heute noch unverkennbar –, auch ihre weißblonden seidenen Locken hatten es mir angetan. Schien die Sonne hinein, glänzten sie silbern, lieblich und flaumweich, und ich konnte nicht genug davon bekommen, immer wieder hineinzugreifen. Ich ließ jeweils einzelne Strähnen langsam und genüsslich durch meine Finger gleiten, genoss die Empfindung der samtweichen Haare, was Loni stets gerne geschehen ließ. Auch ihre Mutter verfügte über eine faszinierende Haarpracht – sie war überhaupt eine schöne Erscheinung. Die Farbe war nicht ganz so lichthell wie bei Loni, sondern sonnengelb, aber ebenfalls bezaubernd. Lonis kleinere Schwestern hingegen hatten davon nichts mitbekommen, obwohl sie ebenfalls hübsche Mädchen waren – vor allem die Jüngste war sehr niedlich. Aber sie konnten, was die silberne Lockenpracht betraf, mit ihrer älteren Schwester in keiner Weise mithalten. Im Gegenteil, ihre Haare waren keiner eindeutigen Farbe zuzuordnen, sie wirkten wie nach zahlreichen Waschmaschinendurchgängen ziemlich müde und ausgelaugt. Und auch von Locken war da keine Spur. Obwohl Loni in rührender Besorgnis ihren Schwestern zu einem attraktiveren Kopfschmuck zu verhelfen bemüht war und stets mit kreativem Flechtwerk die ausweglose Situation zu retten versuchte, stellte sich keine sichtbare Verbesserung ein. Loni war ihren jüngeren Schwestern sehr zugetan, und es war spürbar, wie sie sich um ihr Wohl bemühte. Auch mir taten die beiden leid. Meine Zöpfe, die mir meine Mutter täglich flocht, wobei sie die Enden stets mit einer frisch gebügelten roten Masche zusammenband, waren prall und satt. Immerhin.

Loni besaß zwei karierte Faltenröcke, dunkelblau und tannengrün. Der Letztere gefiel mir besonders gut. Ich glaube, ich habe damals gelernt, gewissermaßen als Notprogramm, mich an dem zu erfreuen, was ich bei anderen sehen konnte, statt mich darüber zu grämen, was ich nicht besaß. Daneben wirkte mein Rock, der aus einem alten Kleid meiner Mutter in verblichenem Blumenmuster geschneidert war, wie ein Kontrastprogramm. Und wenn wir dann dicht nebeneinandersaßen, na ja, das musste meinerseits ausgehalten werden. Wir trugen Schürzen, da hingegen konnte ich punkten, denn ich bekam jene meiner um sieben Jahre älteren Schwester zum Austragen, die sie einst selbst im Handarbeitsunterricht kunstvoll bestickt und gar mit reichlich gekräuselter Smokgarnitur verziert hatte. Am Montagmorgen zeigten wir uns gegenseitig unsere auf das Format einer Streichholzschachtel gefalteten und mit hübschen Stickereien verzierten Taschentücher – und auch da konnte ich mithalten. Meine Mutter legte größten Wert darauf, dass ich stets mit einem wenn möglich handumhäkelten Taschentuch unterwegs war.

Loni wohnte in einem idyllischen Einfamilienhaus mit kleinem, herausgeputztem Garten. Winzige Steinplatten wiesen kunstvoll den kurzen Weg von der Gartentür zur Haustür, Gemüse- und Blumenbeete waren sauber und ordentlich mit kleinen Gitterchen voneinander abgeteilt. Im Sommer schmückten dunkelrote Geranien die kleinen Fenster. Es war das Gegenstück zu meinem Elternhaus, eine ziemlich schlichte Bude, die Miete erschwinglich, meine Mutter, obwohl verheiratet, alleinverdienend. Ich holte Loni jeweils am Morgen ab, verließ meine Behausung und eilte freudig zu ihr, genoss den idyllischen Anblick. Überhaupt gab es da einiges zu erleben, was mich in eine mir völlig fremde Welt Einblick nehmen ließ.

Ihre Mutter war eine sehr elegante Dame mit roten Fingernägeln, modisch und schön gekleidet, ihr Vater, dunkelhaarig, etwas untersetzt, aber sehr freundlich. Und einmal habe ich etwas gesehen, das meine bisherige Welt in Unordnung brachte und mich zutiefst verunsicherte. Ich beobachtete, wie der Vater bei der Verabschiedung zur Arbeit seine Frau innig umarmte, er küsste sie auf den Mund, und mir schien damals, als ob er sie aufessen wollte. Gleichzeitig strich er ihr zärtlich über die Haare. Nachdem er bereits von ihr abgelassen hatte, kehrte er eilig zurück, um sie abermals zu umarmen und heftig zu küssen, und es machte den Eindruck, als ob er sich nur schwer von ihr losreißen könne. Dieses Ereignis setzte mich für einen Augenblick beinahe in Panik: Ich hatte nicht gewusst, dass sich Eltern umarmen, ja sich sogar heftig küssen, überhaupt Freude aneinander haben! Meine Eltern waren ganz anders. Sie zeigten kein Interesse aneinander, sie redeten nicht einmal miteinander. Meine Mutter, dreißig Jahre jünger als mein Vater, war damit beschäftigt, sich ums Geldverdienen zu kümmern. Sie war Näherin in einer Fabrik. Zusätzlich machte sie noch Heimarbeit, putzte bei ihrer Stieftochter, die älter als sie war, wusch und bügelte für sie. Es gab immerhin fünf Franken am

Tag. Da gab es keine Zeit zum Küssen und Kosen. Nach der neuen Erfahrung bei Lonis Eltern überlegte ich gelegentlich, ob sie es denn in anderen Verhältnissen getan hätten. Ich hegte ernsthafte Zweifel. Das Wort «Eltern» gab es für mich nur aus Bequemlichkeit, um nicht Vater und Mutter explizit aufzählen zu müssen. Denn Eltern, eigentlich ein Wort für zwei Personen, waren für mich vollständig getrennte Welten, die nichts miteinander zu tun hatten. Meine Eltern führten auch keine Gespräche, und wenn, dann höchstens in kurzen hingeworfenen und unvollständigen Sätzen. Gelegentlich, aber eher selten, wurde es gar laut zwischen ihnen, der Vater polterte herum, die Mutter weinte, schnupfte vor sich hin, um das Weinen zu unterdrücken, was dermaßen nervte, dass meine ältere Schwester meine Mutter anpfiff, sie solle sich doch gefälligst die Nase putzen. Es fühlte sich an, als ob jederzeit eine Bombe hochgehen könnte – mit unvorhersehbaren Folgen. Dass sich Eltern küssen könnten, lag außerhalb meiner Vorstellungskraft. Erst als ich dies in Lonis Zuhause vorgeführt bekommen hatte, erweiterte sich mein Bild über die Beziehung von Vater und Mutter. Ich war aber damals sogar etwas skeptisch, wägte ab, ob eine derartig offen zur Schau getragene Freude aneinander gut gehen könne. Schließlich, so beruhigte ich mich selbst, können sich doch Eltern nicht ständig küssen und sich wie Affen aneinanderklammern.

Lonis Eltern bildeten eine Einheit, sie gehörten zusammen. Das zeigte sich auch in ganz einfachen, alltäglichen Belangen. Um ins Strandbad zu gehen, mussten wir zu Hause die Erlaubnis einholen. Loni verkündete dann stolz: «Meine Eltern haben es mir erlaubt.» Während ich etwas leiser ergänzte: «Meine

Mutter auch.» Unvorstellbar, meine Eltern hätten darüber beraten, ob ich gehen dürfe. Mein Vater wusste nicht, dass ich baden ging, und ich vermute, er wusste auch nicht, ob ich überhaupt schwimmen konnte. Ich ging damals davon aus, dass es Vätern grundsätzlich egal ist, was ihre Kinder treiben. Deshalb war ich auch nicht erstaunt, als mein Vater nicht einmal mitbekommen hatte, dass ich die Aufnahmeprüfung in die Sekundarschule bestanden hatte. Als diese für mich freudige Botschaft endlich eher zufällig bei ihm angelangt war, meinte er nur, ob das denn nötig gewesen sei. Sein Enkel, der in meinem Alter war, flog durch die Prüfung, das sei ungerecht, meinte er, schließlich müsse er doch als Junge die Chance auf Bildung haben und nicht ich, die ich ja nur ein Mädchen sei. Ich kann mich nicht erinnern, dass mich diese Aussage gekränkt hatte, aber ich gehe davon aus, dass dies der Moment war, in dem ich mich entschloss, es endgültig aufzugeben, ihm irgendein Interesse an mir abzuringen. Meine Mutter hingegen wusste genau über mich Bescheid. Aber da die beiden nicht miteinander sprachen, fehlten ihm jegliche Hinweise. Sie waren zwei Einzelwesen, beinahe Fremde, die zwar im selben Haus wohnten, meist gemeinsam die Mahlzeiten einnahmen, sich aber, wenn immer möglich, aus dem Weg gingen.

Trotzdem, so muss ich zugeben, malte ich mir gelegentlich aus, wie es wohl wäre, wenn sich mein Vater und meine Mutter wie Lonis Eltern küssen würden. Selbst in der Phantasie wollte mir das nicht so recht gelingen. Ich musste jeweils einen von den beiden entweder mit einer anderen Frau oder mit einem anderen Mann umbesetzen. Meine Mutter konnte ich mir gut küssend mit einem anderen Mann vorstellen, und gelegentlich meinte ich sogar, diesbezüglich etwas erhascht zu haben, aber immer so, dass ich um einen kurzen Augenblick zu spät kam. Also war ich doch nicht ganz sicher.

Während der ersten zwei Jahre nahm der Schulweg von Loni und mir nur wenige Minuten in Anspruch, aber er führte an einer für uns beinahe unüberwindlichen Gefahrenzone vorbei, die wir jedes Mal nur mit Herzklopfen bewältigten. Es handelte sich um ein doppelstöckiges schmuckloses hellgraues Haus mit etwas verwitterten dunkelgrünen Fensterläden, wo die Sitter-Buben wohnten, um einige Jahre älter als wir. Wenn sie uns kommen sahen, pflanzten sie sich drohend am Gartentor vor uns auf, versperrten uns den Weg und wollten uns daran hindern weiterzugehen. Wir hielten uns tapfer an den Händen, Loni zwei Schritte vor mir, um mutig die im Hinterhalt lauernde Gefahr zu überwinden. Doch nur ein kleines von den Buben verursachtes Geräusch genügte, und wir ließen uns los, um wie flatternde Hühner – so schnell uns die Füße zu tragen vermochten – in Richtung rettendes Schulhaus zu laufen, denn bis in den Schulhof hinein wagten sie nicht, uns zu verfolgen. Schlimm aber wurde es besonders im Winter, wenn Schnee lag. Die Buben passten uns mit bereits vorbereiteten, dicht zusammengepressten Schneebällen ab, die, falls sie etwas länger auf uns zu warten hatten, bereits vereist waren. Sobald wir in Reichweite waren, feuerten sie auf uns los. Einmal wurde Loni direkt am Kopf getroffen. Obwohl es sie stark schmerzte, weinte sie nicht, sondern wurde derart wütend, dass sie die Buben anschrie, wenn sie nicht augenblicklich aufhörten, würde sie alles ihrem Vater erzählen, dann könnten sie etwas erleben, das garantiere sie ihnen. Auch das waren für mich neue Töne. Was – ein Vater, der sich für sein Kind einsetzt? Der sogar den frechen Buben gehörig die Leviten lesen würde? Ich staunte darüber. Wenn ich Hilfe benötigte, dann wäre es zweifelsfrei meine Mutter, die sich für mich einsetzen würde, aber sie käme körperlich gegen die frechen Bengel nicht an. Loni fügte meiner Vorstellung, dass sich vor allem die Mutter um das Wohl der Kinder sorgte, noch eine andere Information hinzu, nämlich dass es in gefährlichen Situationen vor allem Väter sind, die rettenden Einsatz liefern könnten.

Mein Vater fiel ohnehin aus dem üblichen Raster. Er hatte bereits aus erster Ehe vier Töchter. Als seine Frau starb, übernahm er selbstverständlich die Mutterstelle und begleitete seine Kinder in das Erwachsenenleben. Auch als er bereits mit meiner Mutter eine neue Familie gegründet hatte, blieb er der ersten Version treu. Auf die Frage, wie viele Kinder er habe, antwortete er stets: «Vier.» Wahrscheinlich löste diese Auskunft bei mir anfangs eine leichte Irritation aus, als ich realisierte, nicht mitgezählt worden zu sein – und meine um sieben Jahre ältere Schwester ebenfalls nicht. Aber ich kann mich nicht daran erinnern, dass es mich beunruhigt oder sogar gekränkt hätte. Ich gehörte ganz und gar meiner Mutter, sie war mein Ein und Alles. Und diese Welt war in Ordnung. Wir waren in dieser Familie ohnehin irgendwie anders als alle andern, ein zusammengewürfelter Haufen, der sich mit keinem anderen in sich geschlossenen Familiensystem vergleichen ließ. Da meine Mutter ein sehr sozialer Mensch war, überall in Notsituationen aushalf, gingen bei uns stets Personen, vor allem aus der deutschen Nachbarschaft, ein und aus, deren Leben etwas in Schieflage geraten war. So war ich es gewohnt, dass immer noch jemand mit am Tisch saß oder ein Notbett im Wohnzimmer eingerichtet wurde. Es war ein reges Kommen und Gehen. Bei diesem großen Angebot von Menschen, Lebensläufen und oft ziemlich schwierigen Schicksalen gab es nicht nur stets viel zu erzählen, sondern auch zahlreiche Gelegenheiten, etwas zu feiern, entweder einen Geburtstag oder wenn jemand wieder einen Job gefunden hatte. Geld war wenig vorhanden. Was weder den Aktivitäten meiner Mutter, jemandem zu helfen, noch einem unbekümmerten Zusammensein Abbruch tat – im Gegenteil, es wurde frisch drauflosimprovisiert. Im Sommer bewohnte man den großen Garten, ein kleines Paradies mit sämtlichen nur vorstellbaren Früchten, Beeren und Gemüse, irgendetwas konnte je nach Jahreszeit immer geerntet und zusammengebraut werden.

Ich empfand das Leben damals als sehr farbenprächtig. Die unterschiedlichen, meist durch Schicksalsschläge erprobten Menschen entfalteten eine Palette vielfältigster Lebensmodelle, die ich zwar nicht unbedingt verstehen konnte, die mich aber irgendwie faszinierten. Um darin etwas Ordnung herstellen zu können, besprach ich alles mit meiner Mutter. Schließlich lebte ich wie in einer Gegenwelt, nicht nur zu Lonis wohlgeordneter Familie, sondern gleichfalls auch im Vergleich mit anderen Kindern aus der Klasse. Erst später, als ich selbst eine Familie gründete, stellte ich fest, dass der Begriff «Eltern» eine ziemliche Knacknuss für mich darstellte. Obwohl mich Lonis küssende Eltern irritierten, wusste ich nicht, wie das zu verstehen sei. Heißt das etwa, die eigene Welt mit einer anderen zusammenzufügen, freiwillig die eigene Identität aufzugeben, sich zu opfern, um in irgendeinem trostlosen Eintopf zu landen? Die Ideologie der 68er-Jahre, dass Zweierbeziehungen ohnehin verlogen und Hochzeiten eher als Begräbnis zu bewerten seien, lieferte eine gute Begründung, sich alle diesbezüglichen Sehnsüchte abzuschminken, um sich nicht in romantischer Träumerei zu verlieren. Im Nachhinein bin ich davon überzeugt, dass sich mit dieser Einstellung gleichzeitig die im Untergrund schwelende Druckstelle mangelnder familiärer Harmonie etwas betäuben ließ.

Es überrascht mich, dass allein das kurze Wiedersehen mit Loni wie mit einem Startschuss derart viele Erinnerungsbilder freizusetzen vermag, sich Gefühle, Empfindungen, Gedanken von damals einstellen.

Nach einer herzlichen Begrüßung begeben wir uns mit wenigen Schritten in die Gartenanlage. Ich bin natürlich sehr gespannt, von Loni zu erfahren, was aus ihrem Leben geworden ist. Dort befinden sich bereits andere, die an kleinen, mit schneeweißen Decken und winzigen Blumensträußchen geschmückten Stehtischchen heftig und angeregt miteinander diskutieren. Freundliche Kellnerinnen umkreisen regelmäßig die Gäste und sorgen dafür, dass alle mit vollen Gläsern und köstlichen Apéro-Häppchen gut eingedeckt sind. Loni und ich stellen uns dazu, und da sie sich bereits in ein Gespräch mit Helmer hat verwickeln lassen, den ich nicht in bester Erinnerung behalten habe, ziehe ich es vor, meinen eigenen Gedanken nachzuhängen und mich mit der mir seit Jugendtagen vertrauten Umgebung zu beschäftigen.

Wir befinden uns vor der herrlichen Kulisse der von beidseitigen Flankentürmen eingesäumten Seeburg, die märchenhaften Zinngiebel schmücken die Hausfront. Wir malten uns damals aus, wie ein Burgfräulein im Turm eingesperrt ist und nur durch einen wunderschönen mutigen Reiter errettet werden kann. In der dritten Klasse durften wir sogar unserer Phantasie freien Lauf lassen und ein kleines Freilichttheater vor diesen historischen Mauern aufführen. Es muss wohl nicht erwähnt werden, dass es Loni war, die zum schönen Burgfräulein auserkoren wurde, während mir die Rolle einer Dienstmagd, die mit einer unförmigen Schürze ausstaffiert war, übertragen wurde. Das Schloss wurde 1598 erbaut, nach einem Brand 1633 wieder bewohnbar gemacht. Es wechselte einige Male den Besitzer, bis es 1958 von der Stadt gekauft wurde. Wie mir meine Mutter erzählte, habe ich bereits im Säuglingsalter den Park kennengelernt.

Nach dem Krieg, als selbst in der Schweiz die Nahrungsmittel knapp waren, haben vor allem Frauen auf den abgemähten Weizenfeldern eifrig nach liegen gebliebenen Ären gesucht, um daraus Mehl zu gewinnen. Größere Kinder waren zum Helfen angehalten, die Kleineren schliefen im Kinderwagen. So ist es nicht verwunderlich, wenn ich mich im Seeburgpark mitsamt den dazugehörigen Gebäuden sehr gut auskannte. Vor allem ein baufälliges Waschhäuschen übte einen besonderen Reiz aus. Später, noch im Kindergartenalter, spielten wir regelmäßig darin, mehr als einmal krachte der morsche Holzboden, und wir landeten zwar verblüfft, aber vergnügt im unteren Geschoss – was aber bei den Erwachsenen für keinerlei Unruhe sorgte. Es war eben eine Zeit, da durften Kinder auf Bäume klettern und gelegentlich auch herunterfallen, oder wir fuhren mit selbstgebastelten Flößen auf dem Wasser herum. Wer nicht schwimmen konnte und dabei hineinfiel, lernte es dann eben blitzschnell. Wir genossen damals eine großzügige Freiheit, die für Kinder, die auf dem Land aufwuchsen, selbstverständlich war.

Inzwischen sind noch weitere Personen eingetroffen, die ich nicht unverzüglich zu erkennen vermag. Der Anblick meiner einstigen Schulkollegen und -kolleginnen versetzt mich ohnehin in eine ziemlich unangenehme Lage. Ich gebe es zwar ungern zu, aber ich beobachte an mir eindeutige Fluchtimpulse; kurz überlege ich, ob ich nicht einfach wieder lautlos verschwinden kann. Denn es hat den Anschein, als sei eine Gruppe aus einem Altersheim hier zu Gast. Das sind doch alles alte und vor allem zum Teil sehr gebrechliche Menschen! Es fällt mir sehr schwer, mich altersmäßig dazugehörig zu fühlen. Doch ich kann es drehen und wenden, wie ich will, hier versammelt sich meine Klasse. Was nützt es, gelegentlich mit einer anerkennenden Bemerkung über den noch ordentlichen Erhalt der Körperlichkeit bedient zu werden! Hier zählen harte Fakten. Am Jahrgang gibt es nichts zu schummeln. Oder vielleicht doch? Monika Maron hat kürzlich in einem von Henryk M. Broder geführten Interview gesagt: «Wenn ich achtzig bin, bin ich achtzig, obwohl ich mich vielleicht wie sechzig fühle. Oder wie vierzig. Wenn das Geschlecht ein soziales Konstrukt ist, dann müsste auch das Alter ein soziales Konstrukt sein. Ich wundere mich, dass noch niemand darauf gekommen ist und diesen Widerspruch aufgezeigt hat.»

Bevor ich mir nun darüber Gedanken mache, wie es möglich ist, dass ich mich dieser Altersgruppe als nicht zugehörig empfinde, sorgt Loni dafür, dass ich nicht ins Grübeln gerate – übrigens eine Eigenschaft, die sie schon als Kind hatte. Wenn ich zum Beispiel mit ihr in großer Besorgnis darüber sprechen wollte, mit welchem Recht sich die Sitter-Buben uns gegenüber so unverschämt verhielten, meinte sie stets, das Gerede bringe doch nichts. «Entweder wir schaffen das alleine, oder ich schalte meinen Vater ein. Basta.» Und heute erzählt sie mir beinahe atemlos, detailreich und in ihrer zupackenden Art davon, dass sie sehr glücklich verheiratet sei – nächstes Jahr feiere sie goldene Hochzeit! Sie habe nicht nur zwei glückliche Töchter und einen glücklichen Sohn, sondern sei auch überglückliche Großmutter von acht sehr glücklichen Enkeln und inzwischen sogar Urgroßmutter. Zwar lebe die eine Tochter gerade in Scheidung, aber sie, Loni, organisiere das und auch hinterher ihr Dasein als Alleinerziehende, und auch dem Sohn müsse sie gelegentlich unter die Arme greifen, weil es in seiner Beziehung nicht immer glattlaufe und er wohl die falsche Frau geheiratet habe, sie aber sage ihm stets, mit etwas gutem Willen sei das auch zu schaffen. Sie hat alles im Griff, sie managt und fühlt sich für alles verantwortlich. Dabei geht es ihr gut, so wie ehedem, wenn sie bezüglich Attraktivität bei ihren jüngeren Schwestern Hand anlegte oder dafür sorgte, dass wir bei den Sitter-Buben nicht unter die Räder gerieten. Und auch jetzt: Als auf einem Nebentisch ein Sektglas umfällt und herunterzufallen droht, fängt sie es blitzschnell auf und verhindert das Schlimmste.

Bei so viel gebündeltem Glück werde ich ganz ruhig. Was soll ich von mir erzählen? Von meiner Scheidung? Vom Seeleninfarkt danach? Von meinen Töchtern, die es schwer hatten, damit klarzukommen? Davon, wie ich mich mit aller Kraft gegen den Sog stemmte, als Alleinerziehende nicht im Kreis der ewig Jammernden und vom Leben Benachteiligten zu landen? Für mich war schon damals klar: Das Argumentum ad Lazarum kommt für mich nicht in Frage. Ich verspüre auch heute keine Lust, mich rückwirkend in eine Philosophie des Elends zu vertiefen. Zudem fragt sie nicht danach, das macht es mir leicht, nichts über mich zu erzählen. Ich erkundige mich auch nach ihren Schwestern Mira und Bettinchen. Auch da musste sie hilfreich eingreifen. Mira sei einem Heiratsschwindler zum Opfer gefallen, da habe sie aber unverzüglich durchgegriffen, Anzeige erstattet und dafür gesorgt, dass der Missetäter verurteilt wurde und hinter Schloss und Riegel kam. Leider habe Mira, statt sich dafür zu bedanken, ihr große Vorwürfe gemacht, sich in dieser Weise in ihre Angelegenheiten eingemischt zu haben. Schließlich habe sie den Mann doch geliebt. Die Jüngste, Bettinchen, ist früh verwitwet, und es sei selbstverständlich gewesen, dass sie über mehrere Jahre in ihrer Familie gelebt habe, bis sich ein neuer passender Partner einstellte. Nun sei sie wieder versorgt.

Loni ist die typische Vertreterin einer harmonischen Familienidylle, alles ist wohlgeordnet, die Eltern lieben sich, der Vater geht arbeiten und ernährt die Familie, die Mutter kümmert sich um die Kinder und entspricht darüber hinaus der gepflegten und attraktiven Familienfrau. Loni, die Älteste in der Geschwisterreihe, hat früh gelernt, Verantwortung zu übernehmen, Hilfe zu organisieren, wenn Probleme mit anderen Kindern entstehen. Mit 24 Jahren hat sie einen fünf Jahre älteren Bankangestellten geheiratet, der als jüngstes Kind von vier Brüdern bereits gewohnt war, sich unterzuordnen. Die ältesten Kinder in der Geschwisterreihe erwerben oft bereits in jungen

Jahren die Fähigkeit, dafür zu sorgen, dass alles glattläuft. In der Partnerschaft führt die Kombination von ältestem mit jüngstem Geschwister oftmals zu einem reibungslosen Ablauf im Alltagsbereich. Beide finden sich in ihren angestammten Rollen wieder, übertragen das ihnen vertraute Familiensystem aus ihren Herkunftsfamilien, welches sie als stabil und für alle zufriedenstellend erlebten, in ihre eheliche Beziehung. Sie organisieren ihr Familienleben nach bekanntem Modell. Sollten Eheprobleme auftreten, werden sie mit Vernunft und straffer Organisation bewältigt. Älteste sind es von Kindesbeinen an gewohnt, anzupacken, zu strukturieren und, falls nötig, die Eisen aus dem Feuer zu holen. Da ist es gut, wenn niemand anderes in die Quere kommt und ebenfalls das Zepter übernehmen will. Das größte Problem besteht darin, dass sie sich zu viel Verantwortung aufbürden, zu viel übernehmen und irgendwann das Gefühl haben, sie müssten die Last der anderen tragen. So ist es alles andere als verwunderlich, wenn Burnout-Patienten vorwiegend die Ältesten in der Geschwisterreihe sind.

Für Loni ist es selbstverständlich, auch im erweiterten Familiensystem stets unterstützend zu wirken, damit alle glücklich sind. Sie wechselte problemlos von ihrer Mutterrolle in die Rolle der Großmutter, hütet als mehrfache Großmutter und seit Neuestem auch als Urgroßmutter nach einem von ihr strikt geführten Terminplan regelmäßig den vielfältigen Nachwuchs samt Hunden und Katzen. Und sie macht – so wie damals – einen sehr engagierten und durchaus zufriedenen Eindruck, wenngleich sie in einem Nebensatz zu verstehen gibt, dass sie doch gelegentlich sehr erschöpft sei und sich, vor allem nachts, die Frage stelle, wo eigentlich ihre ganz persönlichen Wünsche geblieben sind. Ich denke, «also doch nicht rundum so toll», sage aber nichts.

Inzwischen hat sich Lisa zu uns gesellt, begrüßt mich ohne großes Aufheben mit «Hallo Leute». Loni ruft sofort die Kellnerin herbei, damit Lisa mit dem gewünschten Orangensaft bedient wird, und als ein ziemlich fragiler alter Mann mit Gehhilfe, den ich nicht sofort zu erkennen vermag, versucht, sich durch die Tischchen hindurchzuzirkeln, übernimmt sie erfolgreich die Navigation.

Rollentausch

Lisa, mit der ich einige Jahre die Schulbank teilte, gehörte mit Abstand zu den Intelligenten. Mit Lonis betörender Haarpracht konnte sie es nicht aufnehmen, was sie jedoch kaum bekümmerte. Sie band ihre mittelbraunen Strähnen eher zufällig zu einem knotenähnlichen Gebilde, das jeden Tag eine andere Form hatte. Auch besaß sie keine auffallend schönen Faltenröcke, sie trug meist einen weiten Cordrock, den ein entweder dunkelgrauer oder bläulicher Pulli bis zur Hälfte überdeckte. Auch das schien sie in keiner Weise zu beunruhigen. Sie führte ein ziemlich unabhängiges Leben, beteiligte sich nur gelegentlich an Gruppengesprächen, und das auch nur dann, wenn ein Thema sie besonders interessierte. Dann warf sie kurz und knapp, mit leicht zynischem Unterton ihre Kommentare in die Diskussion, was nicht nur im Unterricht, sondern auch im persönlichen Umgang ihr Markenzeichen war. Dies war sicher auch der Grund dafür, dass sie eher selten aufgerufen wurde, die Lehrpersonen zeigten zum Teil wenig Bereitschaft, sich mit ihr auf ein verbales Duell einzulassen. Als sie einmal im Französischunterricht eine Textpassage übersetzen sollte, blickte sie den Lehrer, der aushilfsweise unterrichtete, mit kaltem Lächeln an und meinte: «Weshalb sollte ich das tun, da Sie ohnehin immer alles besser wissen?» Nach diesem Vorfall war der Aushilfslehrer nicht mehr bei uns. Es gab ein paar Ausfallstunden, bis sich der Klassenlehrer von seiner Grippe erholt hatte und seine Arbeit wieder aufnehmen konnte. Klatsch interessierte Lisa nicht. Sie hatte irgendwie eine dicke Haut, Unangenehmes perlte einfach an ihr ab.

Dabei hatte sie es nicht einfach in ihrem Leben gehabt. Nicht dass sie uns ihre Geschichte selbst erzählt hätte, aber es wurde kurz auf einem Elternabend darüber informiert, und hinterher machte die Geschichte schnell die Runde. Ihre Mutter bekam sie mit sechzehn. Was zur Folge hatte, dass sich das Jugendamt einschaltete und dafür sorgte, das Neugeborene fremdzuplatzieren. Doch das wollte nicht klappen. Das Kind schrie Tag und Nacht, die Pflegeeltern fühlten sich überfordert und der Aufgabe nicht gewachsen. Auch an neuen Pflegeplätzen ging es nicht besser. Es wäre ein passender Auftakt in eine ziemlich schwierige Kindheit gewesen. Lisa, einmal vorsichtig auf die Vorgeschichte angesprochen, kommentierte souverän: «Das war doch klar, bei Idioten wollte ich nicht unterkommen.» Nach einigen missglückten Versuchen verkündete ihr Großvater: «Das Kind kommt zu mir.» Er war zum damaligen Zeitpunkt etwas über fünfzig Jahre alt, arbeitete als Bauführer, seine Frau war kurz zuvor gestorben, und er lebte mit einer um zehn Jahre jüngeren Krankenschwester, Mia, zusammen. Lisa war gerade sechs Monate alt geworden, als sie zum Großvater kam. Von ihrer Mutter fehlte zunächst jede Spur. Irgendwann erfuhr sie, dass diese nochmals Zwillinge geboren, den Kindsvater zwei Jahre später geheiratet und mit ihm einige Dörfer von Lisa entfernt eine Familie gegründet hatte – ohne Lisa. Das Angebot des Großvaters, Lisa bei sich aufzunehmen, kam beim Jugendamt gut an, schließlich waren sie von der ständigen Herausforderung, eine geeignete Pflegefamilie zu finden, ziemlich genervt und diesbezüglich am Ende ihrer Möglichkeiten angekommen. Das neue Zuhause war für Lisa ein Segen. Sie war vom ersten Tag an Großvaters Liebling. Und für Lisa war der Großvater die Person, die sie am meisten liebte. Auch mit Mia kam sie gut aus, aber diese zog mit Lisas Eintritt in den Kindergarten wieder aus. Sie hatte sich in einen anderen Mann verliebt, was für den Großvater eine herbe Enttäuschung war. Vielleicht führte auch dieser Umstand dazu, dass die beiden von nun an wie ein eingeschworenes Team miteinander lebten. Nun gehörte der Großvater Lisa ganz allein, sie nannte in «Papsch», und nichts auf der Welt hätte sie voneinander trennen können. Es wäre uns deshalb auch nie in den Sinn gekommen, Lisa zu bedauern, weil sie keine Mutter und keine sogenannte normale Familie hatte. Sie machte auf uns den Eindruck, in sich zu ruhen und zufrieden zu sein.

Lisas Großvater stand auch bei uns in der Klasse hoch im Kurs. Er war es, der an Lisas Geburtstag für die ganze Schulklasse eine Einladung organisierte mit anschließender Übernachtung in einem Zelt in seinem Garten. Der Großvater kochte für uns Spaghetti und erzählte bis tief in die Nacht aufregende Geschichten. Ich muss sagen, dieses Familienmodell imponierte mir sehr, obwohl ich mir nicht vorstellen konnte, mit meinem Vater – geschweige denn mit meinem Großvater mütterlicherseits, der punktgenau dasselbe Alter wie mein Vater aufwies – in ähnlichen Verhältnissen zu leben. Interessant fand ich damals, dass Lisas Großvater sich wie ein richtiger, engagierter Vater verhielt. Ich hingegen lebte mit einem Vater zusammen, der nichts mit dem Rollenbild eines Vaters zu tun hatte und irgendwie eher wie ein Großvater wirkte, schließlich war er da bereits im achten Jahrzehnt angekommen. Gelegentlich wurde ich auch von Leuten gefragt, ob das denn mein Großvater sei, was ich natürlich verneinte. Aber zuzugeben, dass es sich um meinen leiblichen Vater handeln sollte, fiel mir ebenfalls schwer.

Lisa wurde vom Großvater gefördert. Er machte mit ihr die Aufgaben, fragte sie nicht nur die Französischvokabeln ab, sondern unterstützte sie in allen Fächern, gerade auch in den naturwissenschaftlichen – was uns gelegentlich etwas Neid entlockte. Sie war uns wissensmäßig immer etwas voraus. Selbst im Zeichnen war sie unschlagbar. Es ist wohl auch nicht verwunderlich, dass sie Architektur studierte, von ihrem Papsch mit größtem Interesse begleitet.

Wir befanden uns gerade mitten in der Vorbereitung zum Gymnasium, als plötzlich ihre Mutter aufkreuzte, um sie zu sich zu holen. Die Mutter war inzwischen geschieden, die neuen Kinder waren beim Vater untergebracht, und nun hätte sie Lisa gerne bei sich gehabt. Das aber kam bei Lisa gar nicht gut an. Ich hatte bis dahin noch nie ein Kind so wütend und aufgebracht gesehen. Sie kämpfte wie um ihr Leben und bestand darauf, beim Großvater bleiben zu dürfen. Die Mutter muss wohl sehr verzweifelt gewesen sein, da sie zu dem Mittel griff, Großvaters Integrität in Zweifel zu ziehen; plötzlich war von «Vernachlässigung und Verwahrlosung» die Rede – was Lisa noch wütender machte. Es folgte eine umfangreiche Untersuchung und Abklärung, ob an dem Vorwurf etwas dran sei. Auch wir Kinder wurden in die Befragung einbezogen. Obwohl Lisa nicht sehr mitteilungsfreudig war – sie war schließlich eine Einzelgängerin –, ließ sie uns bruchstückhaft wissen, weshalb sie derart außer sich geriet und auch während des Unterrichts ihre Empörung nur schwer zu zügeln verstand. Nach einer gerichtlichen Abklärung war der Spuk vorbei: Lisa blieb bei ihrem Großvater – «und zwar für immer», kommentierte sie siegessicher und ohne emotionale Bewegung.

Die Konstellation, die Lisa erlebte, war zweifellos unüblich. Aber immer wieder ergeben sich derartige Beziehungsformen, vor allem wenn die leiblichen Eltern nicht in der Lage sind, das Kind selbst zu betreuen. Übrigens ist auch Alice Schwarzer ein vom Großvater aufgezogenes Kind – und wie das Resultat zeigt, mit bestem Ergebnis. Es gibt also keinen Grund, Kinder, die nicht bei der eigenen Mutter oder grundsätzlich bei den leiblichen Eltern aufwachsen können, zu bedauern. Es geht vor allem darum, dass die Personen, die eine stellvertretende Funktion übernehmen, kontinuierlich Verlässlichkeit garantieren und dem Kind bedingungslos zugetan sind. In der heutigen Zeit kommt es vermehrt zu Scheidungen. Es gibt Väter und Mütter, die «allein» mit ihren Kindern zusammenleben oder sich zu einer neuen Patchworkfamilie zusammenfinden. Neue Familienmodelle sind nichts Außergewöhnliches mehr;

sie lösen die engen Vorstellungen von der heilen Familie allmählich auf und werden durch realisierbare und durchaus Stabilität und Orientierung vermittelnde Fundamente familiärer Zusammengehörigkeit ersetzt.

Als ich Lisa bei unserem Treffen wiederbegegne, erkenne ich sie sofort. Sie ist kerzengerade aufgerichtet, trittsicher, mit hellwachem Blick, um den Mund noch immer Schmauchspuren verschmitzter Kommentare, die jederzeit wieder über ihre Lippen huschen könnten. Ihre äußere schnörkellose Erscheinung vermittelt Selbstsicherheit und Klarheit, und ich spekuliere auf einen unkomplizierten Lebenslauf. Da aber irre ich. Sie erzählt, obwohl der Begriff «Erzählung» nicht ganz passend ist, da sie lediglich meine Fragen in der kürzesten nur vorstellbaren Form beantwortet. Meine Frage, wie es ihr gehe, quittierte sie kurz und knapp mit «Danke der Nachfrage». Sie ist – und das war schon in der Schulzeit ihr Markenzeichen – mit einem minimalen Mitteilungsbedürfnis ausgestattet. So ist es nicht verwunderlich, dass unser Gespräch immer wieder ins Stocken gerät. Da ich aber so gerne wissen möchte, wie sich ihr Leben mit ihrem Großvater entwickelt hat, bohre ich weiter nach und erfahre, auf die Kürze eines kleinen Schinkenhörnchens zusammengestutzt, dass sie zwar in einer Ehe gelandet sei, aber nach fünf Jahren das Handtuch geworfen habe, sich scheiden ließ und mit ihrem dreijährigen Sohn wieder zum Großvater zog, der sie mit offenen Armen aufgenommen habe. Nach einer kurzen Pause sagt sie mit ungewohnt leiser Stimme: «Großvater ist mit dreiundneunzig in meinen Armen gestorben.» Ich bin etwas verlegen, weiß nicht, was ich sagen soll, und auch Loni macht einen hilflosen Eindruck. Als ich es nicht lassen kann und meinen Arm tröstend um sie legen möchte, lässt sie diese Geste nicht zu, und ich ärgere mich über mich. Wie konnte ich das vergessen! Denn ich erinnere mich noch gut daran, wie sie vor jeder körperlichen Berührung, die ja für Mädchen zum selbstverständlichen Alltag gehörte, unverzüglich die Flucht ergriffen hatte. Als sich Frieda zu uns gesellt, ist dies der Auftakt für Lisa, sich aus dem Gespräch mit uns auszuklinken, sie nimmt sich nochmals ein Käsehörnchen, lässt sich Weißwein in den Orangensaft nachgießen und zieht sich dann in eine ruhige, kunstvoll in eine Thujenhecke eingeschnittene Sitznische zurück. Über ihr räkelt sich ein leicht verwittertes barockes Bogengitter, das mit gelben Kletterrosen umrankt ist und sie wie auf einem Bildchen fürs Poesiealbum umrahmt. Ihr Blick ist auf die Weite des Sees gerichtet, so setzt sie ein deutliches Zeichen, nicht unbedingt noch mit anderen ins Gespräch kommen zu wollen.

Es ist wohl die große Stärke eines Einzelkindes, sich auf die eigenen Bedürfnisse zu konzentrieren, ohne sich ständig anzupassen. Das verleiht ihnen Autonomie und eine weitgehende Unabhängigkeit vom Urteil anderer, um die sie oft beneidet werden. Ein Einzelkind lernt bereits in seiner Kindheit, viel Zeit mit sich selbst zu verbringen. Das wirkt sich vor allem im Alter günstig aus, wenn Kontakte zu anderen Menschen naturgemäß allmählich spärlicher werden. Wenn Gleichaltrige unter Einsamkeit zu leiden beginnen, gestalten Einzelkinder nach alter Gewohnheit ihr Leben mit Aktivitäten, die ihnen besonders am Herzen liegen. Und wie ich Lisa da so unter dem Rosenbogen alleine sitzen sehe, denke ich, es geht ihr gut. Sie hat früh gelernt, sich mit sich selbst zu beschäftigen, und zeigt sich unabhängig gegenüber Erwartungen anderer. Sie hat stets das gemacht, was sie für richtig hielt, und strahlte damit auch eine beinahe beneidenswerte Eigenständigkeit aus, die großen Eindruck auf mich machte. Auch wenn ich es nicht bewusst angestrebt hatte, so gab es doch Momente in meinem Leben, wo ich mir überlegte, wie sich wohl Lisa in einer derartigen Situation verhalten würde.

Und noch etwas half mir dabei, meine eigene etwas unkonventionelle Familie nicht ausschließlich als Mangel zu empfinden. Ich habe mir bereits als Kind darüber Gedanken gemacht, dass die sogenannten geordneten Familienverhältnisse nicht unbedingt das Gelbe vom Ei sein können. Vor allem dachte ich schon damals darüber nach, dass nicht Vater und Mutter notwendig sind, um sich familiär aufgehoben zu fühlen, sondern lediglich verlässliche Bezugspersonen, die sich mit ihrer Liebe dem Kind zugetan fühlen. So wie sich Lisa bei ihrem Großvater beheimatet und als Familie fühlte, so erging es mir ja auch mit meiner Mutter.

Schlampe oder Königin

Auch für Frieda war ihre Mutter ihr Ein und Alles. Ich war gerade noch dabei zu versuchen, die wortkarge Lisa vielleicht doch noch für ein etwas vertieftes Gespräch zu gewinnen, als Frieda beschwingten Schrittes in einem auffallend eleganten grau-weiß gestreiften Leinenkostüm zu uns stößt, mit ebenso umwerfend schönen, farblich abgestimmten Slingpumps. Wahrscheinlich sind es mit Abstand die schönsten Schuhe in unserer Altersgruppe, die meisten stecken in flachen, zum Teil getarnten Gesundheitslatschen, die wahrlich keine Begeisterung auslösen. Ich meinerseits lege noch immer Wert darauf, nicht in der Abteilung der unansehnlich Erzbequemen zu landen, was manchmal eine ziemlich große Herausforderung darstellt. Und nicht selten muss ich eine Entscheidung treffen zwischen vernünftigen orthopädischen Überlegungen und Ästhetik. Dabei bin ich mir darüber im Klaren, dass die Lebensphase noch kommen wird, wo ein derartiges Abwägen keine Bedeutung mehr haben wird.

Frieda, in altbekannter, betont zurückhaltender Liebenswürdigkeit, erkundigt sich nach unserem Befinden, und da Lisa sich bereits abgesetzt hat, bleibt die Frage an mir hängen. Mich hingegen interessiert es sehr viel mehr, von ihr zu erfahren, wie es mit ihr, vor allem aber auch mit ihrer fabelhaften Mutter denn weitergegangen ist. Frieda hing sehr an ihrer Mutter, was für die meisten Kinder überhaupt nicht nachvollziehbar war, denn ihre Erscheinung gab immer wieder Anlass zu heftigen Irritationen und öffnete Tür und Tor für Spekulationen aller Art. Irgendwie schien sie uns nicht ganz von dieser Welt zu sein, eher einem geheimnisvollen Märchen entsprungen, nicht unbedingt als Hexe, aber fremd. Sie trug meist unförmige rabenschwarze Zeltkleider, unter denen sich trotz der unendlich erscheinenden Weite ihre beinahe monströse Gestalt erahnen ließ. Die Füße steckten sommers wie winters in Schlupfschlappen, also hinten offen – wahrscheinlich hätten ihre Füße in geschlossenen Schuhen, selbst wenn sie sehr groß und weit gewesen wären, zu wenig Platz gefunden. Das grau melierte, mit schwarzen Strähnen durchwucherte Haar, meist zu einem ausgefransten Knollen zusammengebunden, hockte im halslosen Nacken. Am schlimmsten aber waren die Zähne, die nur noch einzeln vorhanden waren und beim Sprechen gefährlich wackelten. Frieda war das blanke Gegenteil ihrer Mutter: Stets sehr adrett gekleidet, zwei mittelblonde, kunstvoll geflochtene Zöpfe zierten ihr schmales Gesicht, sie war etwas kleiner als die Gleichaltrigen und von sehr nettem und stets hilfsbereitem Wesen. Wenn ihre Mutter in der Schule aufkreuzte, war die Aufregung groß, wir konnten uns an dieser außergewöhnlichen Erscheinung nicht sattsehen. Mit etwas angewiderter Faszination beobachteten wir, wie sie ging, wie sie sprach, denn auch ihre Sprache war uns nicht vertraut, irgendwie eine Mischung aus berndeutschem Dialekt und verschwommenen, französisch klingenden Wortfetzen. Ich wäre wohl mit so einer Mutter vor Scham Boden versunken. Nicht so Frieda. Obwohl wir alles haarscharf verfolgten, konnten wir bei ihr keine Spur von Peinlichkeit wahrnehmen. Im Gegenteil, beinahe etwas stolz und vor allem freudig sprang sie jeweils ihrer Mutter entgegen und schmiegte sich an sie, wenn sie einen Schulbesuch machte. Die einen waren schockiert, andere amüsiert, und einige fanden das hochinteressant.

Ich gehörte zur dritten Gruppe. Für mich strahlte diese Frau etwas mir völlig Unbekanntes aus. Als mich Frieda zu sich nach Hause einlud, war meine Neugier kaum zu bändigen, und ich erzählte brühwarm meiner Mutter, was mir bevorstand. «Ich gehe davon aus, dass du dich anständig benehmen wirst», ermahnte sie mich mit ernsthafter Miene, was ich nicht verstehen konnte, denn ich gehörte zweifelsfrei zu den wohlerzogenen Kindern. Vielleicht aber wollte sie meine Forschungsfreude etwas bremsen, denn ich hoffte, das Rätsel um diese eigenartige Frau zu lösen.

Um in ihre Wohnung zu kommen, mussten wir einige Stufen tiefer steigen, sie wohnten in einer 2-Zimmer-Soussol-Behausung, mit wenig Licht, wohl kaum ein Sonnenstrahl, der je da hineindrang. Wie ich später erfuhr, verdiente die Mutter als Klavierlehrerin den Lebensunterhalt für beide. Vom Vater erzählte Frieda nie etwas, den schien es überhaupt nicht zu geben. Es war eine ziemlich bescheidene, aber ordentliche Einrichtung. In einem Zimmer standen zwei Betten für Mutter und Tochter nebeneinander, auf einem schmalen Nachttischchen häufte sich ein Bücherstapel, auf dem anderen eher wackeligen Gestell waren Farbstifte um lose Blätter deponiert. Die beiden Betten überdeckte eine schwere, beinahe monströse dunkelrote Decke, die meine Phantasie unverzüglich in Gang brachte und Märchenbilder in Erinnerung rief. Der dunkelbraune, für das kleine Zimmer viel zu wuchtige Kleiderschrank mit einigen Blessuren an den Ecken brachte die gedankliche Spielerei mit dem fliegenden Teppich wieder auf den Boden der Realität, wenngleich an den Wänden große, längliche Bilder hingen, die in eine andere Welt führten. Insbesondere eines mit einem großen Engel mit weit ausgespannten Schwingen beeindruckte mich sehr. Im anderen Zimmer stand stolz ein glänzender, pechschwarzer Flügel, übersät mit mehreren Stapeln von Notenblättern. Ein kleiner runder Tisch zierte die gegenüberliegende Ecke, daneben luden zwei mit verblasstem flaschengrünem Samt überzogene Stühle sowie ein an einigen Stellen ziemlich abgewetztes Ledersofa zum bequemen Sitzen ein. Ich vermochte meinen Blick nicht vom

Klavier abzuwenden. Es faszinierte mich derart, dass ich es mir nicht verkneifen konnte, Friedas Mutter zu fragen, ob sie etwas spielen könne. Die Frage schien sie keineswegs zu überraschen, denn sie war sofort bereit. In dem Moment, als sie sich an den Flügel setzte, vollzog sich eine beinahe unbeschreibliche Verwandlung mit ihr. Sie stieg wie Phönix aus der Asche, von der unförmigen schwarzen schlurfenden Gestalt war nichts mehr übrig. Im Gegenteil, sie blühte förmlich auf, richtete sich kerzengerade auf, um sich im nächsten Moment wie eine Trauerweide nach vorne zu beugen. Sie spielte wie eine Göttin, ich beobachtete, wie ihre wunderbaren schlanken Hände windschnell über die Tasten eilten. Mal schlug sie kräftig hinein, dann wieder zart, vorsichtig, behutsam, mit den nackten Füßen an den Pedalen unterstützte sie ihr virtuoses Spiel.

Als ich sie nach dem Vorspielen fragte, wie sie das denn mache, so viele Finger unter ihrer Kontrolle zu haben, kam ich aus dem Staunen nicht mehr heraus. Denn sie erklärte mir, dass jeder Finger eine spezielle Aufgabe zu erfüllen habe. Inzwischen hatte Frieda bereits einige bunte Zeichnungen herangeschafft, welche die Erklärungen ihrer Mutter nun unterstützten. Die erste Zeichnung zeigte ein Eichhörnchen, das gerade dabei war, sich in luftiger Höhe zu schaffen zu machen. Friedas Mutter erklärte, diese flinken Tierchen seien mit dem kleinen Finger zu vergleichen. Derjenige der rechten Hand turne akrobatisch bis in die höchsten Töne hinauf, während der andere – und dabei zeigte sie auf die Zeichnung mit einem Drachenfisch in der Tiefsee, der sich mit Hilfe seiner funkensprühenden Augen zwischen Schlingpflanzen hindurchtastete – verantwortlich sei für die tiefen Töne. Der Daumen, etwas unflexibel und nicht sehr beweglich, sei einem Mammut vergleichbar, das vor Kraft strotze und beinahe unermüdliche Ausdauer besitze; er könne stampfen, hämmern und unermüdlich klopfen. Daneben sitze stets sprungbereit ein seidenes Häschen; es symbolisiere den Zeigefinger, der wieselflink in alle Richtungen hüpfen könne. Der Mittelfinger gleiche einem blaugrünen Pfau; seine Aufgabe, so die Mutter, bestehe darin, mit seinem langen Hals überall hinzureichen und alle Noten zu spielen. Und schließlich gebe es noch das Murmeltier, den Ringfinger, der nicht sonderlich bewegungsfreudig sei, sich aber sehr gut eigne, sanft die Noten anzuschlagen, vor allem, wenn es um eine melancholische Stimme gehe. Wenn alle Tiere gut geschult und einvernehmlich ihre Arbeit verrichteten, dann kämen auch schöne Melodien dabei heraus. Um mir das gleich noch zu demonstrieren, setzte sich Frieda auf die rechte Seite neben ihre Mutter. Gemeinsam spielten sie ein wunderschönes Lied. Während Friedas Eichhörnchen in hellen, klaren Tönen herumturnte und trillerte, setzte der Drachenfisch seine passenden Akkorde dazu.

Nach diesem Erlebnis begann ich Frieda allmählich zu verstehen: diese großartige Mutter! Wer hätte das gedacht. Ich versuchte zwar, mein Erlebnis den Mitschülerinnen zu erzählen, die aber schüttelten nur den Kopf, wollten davon nichts wissen und konnten sich beim besten Willen eine derartige Verwandlung nicht vorstellen. Frieda nahm mich nun immer wieder mit nach Hause, ja ich drängte sie beinahe dazu, und jedes Mal erlebte ich vor meinen Augen dieses großartige Zusammenspiel von kraftvollen Mammuts, waghalsigen Eichhörnchen in luftiger Höhe, von langhalsigen Pfauen, flink Haken schlagenden Häschen und dem friedlichen Murmeltier. Um meine Mutter nicht in eine herbe Bedrängnis zu bringen, verzichtete ich darauf, ihr meinen innigsten Wunsch mitzuteilen, selbst Klavierspielen zu lernen. Es hätte zweifellos außerhalb unserer finanziellen Möglichkeiten gelegen. Da sie aber stets darum bemüht war, mich in meinen Zielsetzungen zu unterstützen, versenkte ich diese Idee ins Reich der Phantastereien – es benötigte Jahrzehnte, bis sie sich wieder ans Licht traute. Mit siebzig kaufte ich mir ein Klavier, nahm Unterricht, und inzwischen versammeln sich – wenn auch nicht täglich, so doch gelegentlich – die unterschiedlichen Tierchen zum netten Stelldichein.

Mich aber hat das Erlebnis der Verwandlung von Friedas Mutter sehr zum Nachdenken angeregt. Ich besprach mich darüber mit meiner Mutter – wie ich das übrigens mit beinahe allem hielt, worüber ich nachdachte. Ich wollte wissen, wie so etwas überhaupt möglich sei, dass die äußere Erscheinung etwas derart Kostbares zu verbergen imstande war. Sie aber war keineswegs davon überrascht, sondern meinte mit einem sehr bestimmten Tonfall: «Ja, so ist das Leben.»

Genau diesen Satz schrieb ich mir damals hinter die Ohren. Und so habe ich früh gelernt, mein Urteil nicht nur auf äußere Merkmale abzustellen, sondern stets zu versuchen, die Innenräume zu erforschen und mit einzubeziehen. Das Leben schreibt die spannendsten Geschichten, manchmal ist die hinter allem stehende Logik auf den ersten Blick nur nicht zu erkennen.

Bei unserer Begegnung macht Frieda auf mich einen sehr aufgeräumten Eindruck. Nachdem sie bei der Kellnerin einen

Pfefferminztee bestellt hat, beginnt sie von sich zu erzählen, dabei meint sie: «So viel gibt es gar nicht zu berichten.» Sie habe Pädagogik und Musik studiert, für sie sei immer klar gewesen, dass sie Musiklehrerin werden wollte. Dies sei sie dann auch mit Leib und Seele gewesen – und zwar, jawohl, bis zum heutigen Tag! Denn sie arbeite trotz Rentenalter immer noch, und zwar sehr gerne, unterrichte weiterhin als Privatlehrerin. Sie könne sich ein Leben ohne diese erfüllende Tätigkeit nicht vorstellen. Dass neben diesem großen Engagement für eine Familie kein Platz gewesen sei, verstehe sich wohl von selbst, erwähnt sie nur nebenbei. Ich aber will von ihr wissen, was aus ihrer Mutter geworden ist. «Sie war die wunderbarste Frau. Und so wie sie wollte ich auch werden.» Und das ist ihr wohl auch gelungen – abgesehen von der äußeren Erscheinung. Sie habe bis zum Tod der Mutter, die mit 88 Jahren gestorben sei, mit ihr zusammengelebt –in einer schönen, sonnigen Wohnung mit zwar etwas eingeschränktem, aber immerhin doch vorhandenem Blick auf den See. Sie habe eben immer eine sehr schöne Beziehung mit ihrer Mutter gehabt. Schwierig sei es erst geworden, als sie einen Freund gehabt habe. Das wäre ja noch gegangen, aber sobald eine Beziehung mit eventuellem Auszug und Gründung eines eigenen Hausstandes in Aussicht gestanden habe, sei die Mutter vehement dazwischengetreten und habe dadurch eine Weiterführung verunmöglicht. Einmal habe sie hinter ihrem Rücken herumtelefoniert, Erkundigungen über den Mann eingeholt und ihr diese dann zur Abschreckung unterbreitet. Sie habe tatsächlich auch bei der Exfrau angerufen, die natürlich nicht gerade die guten Seiten des Mannes betonte. Nach dieser Einmischung habe sich der

Mann unverzüglich von ihr abgewandt. Bei einer anderen Bekanntschaft sei sie fest entschlossen gewesen, es nicht mehr so weit kommen zu lassen, und deshalb habe sie den Freund dazu gebeten, direkt bei ihnen einzuziehen. Das aber ging nun überhaupt nicht. Die Mutter habe den jungen Mann nicht leiden können, was wahrscheinlich auf Gegenseitigkeit beruhte. Dann habe ihr die Mutter ein Ultimatum gestellt: «Er oder ich.» Selbstverständlich habe sie sich für die Mutter entschieden. Das Zusammenleben mit ihr sei hinterher ziemlich schwierig geworden – aber sie habe ihre Entscheidung nicht bereut. Und weitere Beziehungen seien dann auch nicht mehr für sie in Frage gekommen. Sie wirkt dabei aufgeräumt und heiter, vermittelt nicht den Eindruck, etwas Wichtiges verpasst zu haben.

Das Beispiel von Frieda belegt eindrucksvoll, dass Kinder andere Parameter bei der Bewertung ihrer Mütter und Väter setzen, als es gesellschaftlichen Normen entspricht. Wenn sich zum Beispiel Behörden, die sich um das Kindeswohl zu kümmern haben, einschalten, um zu entscheiden, ob ein Kind nicht besser fremdplatziert werden sollte, sind Fehlurteile an der Tagesordnung. Sofern Verwaltungspersonen nicht speziell über psychosoziales Wissen verfügen, blicken sie durch ihre ganz persönliche Brille, die ihrer Bewertungsskala und den jeweils gängigen kulturellen und nationalen Kriterien entspricht, etwa den drei schweizerischen Säulenheiligen Sauberkeit, Pünktlichkeit und Fleiß. Wer diese Ingredienzien nicht vorweisen kann, läuft Gefahr, als erziehungsunfähig abqualifiziert zu werden. Dabei wird vergessen, dass jedes Kind seine Eltern liebt, so wie sie sind, selbst wenn sie sämtliche von der Gesellschaft geächteten Verhaltensweisen und Defizite in sich vereinigen. Und wenn Vater oder Mutter die Liebe des Kindes erwidern, dann ist die Welt für das Kind in Ordnung, ungeachtet aller anderen Defizite. Frieda liebte ihre Mutter von ganzem Herzen – auch wenn es für viele nicht verständlich war.

Grundsätzlich ist es für jedes Kind eine große Bereicherung, wenn es über das eigene Familiensystem hinaus möglichst noch andere kennenlernen und die Welt und ihre vielfachen Möglichkeiten für die eigene Lebensplanung nutzen kann. Das Leben schreibt seine eigenen Gesetze. Die Vorstellung, Kinder können nur im klassischen Familienmodell Mutter-Vater-Kind glücklich heranwachsen, wird von der Realität korrigiert.

Inzwischen ist es richtig warm geworden, die Sonne steht direkt über uns, der feine Duft des vorsommerlichen Sees steigt in meine Nase und lockt noch zusätzlich altes Bildmaterial aus dem Versteck. Ich weiß nicht mehr, wie oft ich den Seeweg zum Schwimmbad gegangen bin, meist allein und in heiterer Stimmung. Bevor ich aber in alte Erinnerungen abschweifen kann, kommen Heinz und Kölle, die das Treffen organisiert haben, und erinnern daran, dass wir allmählich aufbrechen müssen. Denn nun erwartet uns eine Rundfahrt auf dem See; das Schiff liegt im Hafen zur Abfahrt bereit. Es wird noch rasch ein Schluck getrunken, nach einem Häppchen gegriffen, und dann bewegt sich die ganze Truppe in gemächlichem bis schleichendem Tempo Richtung Anlegestelle. Die einen müssen ihren noch vitalen Schritt etwas zügeln, andere, zum Teil bereits mit Gehhilfen ausgestattet, bemühen sich, einigermaßen im Takt mitzuhalten. Das Wetter ist ungebrochen strahlend sonnig, von Schauerneigung keine Spur.

MIT DEN GROSSEN HUNDEN PINKELN

«Wir sind schließlich jemand»

Nachdem der größere Teil der Klasse über den etwas wackeligen Steg das Schiff erreicht und sich auf einem Sitzplatz einigermaßen bequem eingerichtet hat – die meisten im windgeschützten Hinterdeck, einige wenige im Restaurant –, könnte die Fahrt eigentlich beginnen. Es wird kurz nachgezählt und dabei festgestellt, dass noch nicht alle an Bord gelangt sind. Nachdem sich schließlich auch jene eingefunden haben, die vom Alter bereits signifikant gezeichnet sind und für eine leichte Verzögerung der Abfahrtszeit sorgen, legt das Schiff, begleitet vom kurzen, schrillen Pfiff der Sirene, ab. Da ich mich in der «Schifffahrt» sozusagen auskenne – schließlich bin ich direkt am See aufgewachsen und zusammen mit meinem Vater unzählige Male sonntags, unabhängig von wetterbedingter Unbill wie Nebel und Sturm, vom Schweizer Ufer zur deutschen Verwandtschaft gereist –, weiß ich: Sobald sich das Schiff in Bewegung setzt, verändert sich alles. Jäh bläst da ein eisiger Windstoß aus irgendeiner Richtung, oder aber Sonnenstrahlen dringen durch kleine Wolkenritzen.

Ich suche mir also erst dann einen Platz, als wir die Hafeneinfahrt hinter uns gelassen haben und das Schiff seinen Kurs aufgenommen hat. Zudem habe ich nicht die Absicht, während der gesamten Reisezeit wie angewurzelt am selben Platz zu bleiben und mich mit den Personen zu unterhalten, die zufällig neben mir sitzen. Ich bin viel zu neugierig auf meine ehemaligen Mitschüler und -schülerinnen und möchte von möglichst vielen erfahren, was aus ihnen geworden ist.

Als Erstes steuere ich Mägä an, die gerade versucht, sich mit einer etwas übergroßen Sonnenbrille, möglichst – wie könnte es anders sein! – attraktiv und sonnenempfangend hinzudrapieren. Zu meiner Überraschung stelle ich fest, sie hat sich zu ihrem Vorteil verändert, erinnerte sie mich während der Schulzeit doch eher an eine seltene, aber stolze Vogelart, mit hellwachen Sperberaugen die Umgebung stets scharf im Blick, die spitzen, vorstehenden Zähne in ihrem Mund wie Wachposten aufgestellt, als ob ein unbekanntes Heiligtum zu schützen sei. Deshalb ist sie mir zunächst etwas fremd. Erst als sie zu sprechen beginnt und genau wie damals beinahe überdeutlich artikuliert, zwischen den einzelnen Worten kleine, von winzigen, kaum hörbaren Seufzern begleitete Pausen einfügt, kann ich sie einordnen und erkenne sie in ihrer mir wohlbekannten Sprechmanier. Das Vogelartige hat sich inzwischen ausgewachsen, die Zähne sind alle, wohl unter Mithilfe eines begabten Kieferorthopäden, ordentlich im Mund untergebracht, der scharfe Blick nimmt sich unter der Brille etwas gelassener aus. Wir hatten als Kinder wenig Kontakt, aber ich beobachtete sie stets, da mir so viel an ihr unverständlich war. Irgendwie freue ich mich nun darauf, mich mit ihr zu unterhalten. Vielleicht bekomme ich noch etwas Einblick in ihre Person, deren eigenartiges Verhalten mir damals einige Rätsel aufgab.

Nachdem wir uns auf der windabgewandten Seite des Schiffes eingerichtet haben, muss ich gar keine Fragen stellen, sie sprudelt frisch drauflos. Ihre Schilderungen werden gelegentlich von den kurzen Pfiffen des Schiffshorns übertönt, um Segelschiffe oder Motorboote, die direkt und in unvorsichtiger Weise vor uns auftauchen, auf ihren Kurs zu verweisen. Obwohl ich ihrem Redeschwall mit großem Interesse folge, drängen sich immer wieder Erlebnisse aus unserer Schulzeit in meine Erinnerung.

Mägä legte damals großen Wert darauf, bei jeder Gelegenheit darauf hinzuweisen, dass sie eigentlich Margot Elise Anna-Maria Katharina Frederika heiße und es sich dabei um die Namen ihrer hochwohlgeborenen Vorfahrinnen handle, von denen sie schließlich abstamme, weshalb sie ebenfalls diesem gehobenen Kreis angehöre. Das aber war uns allen viel zu kompliziert, wir mischten und würfelten die hochkarätigen Frauennamen zusammen und nannten sie einfach Mägä, was bei ihr wenig Begeisterung auslöste. Dennoch trug sie es mit einer gewissen Überlegenheit und wies unmissverständlich darauf hin, dass wir, da doch die meisten von uns eher bescheidener Herkunft waren, nicht zu wissen vermochten, wer sie in Wirklichkeit sei. Eigentlich war sie ganz nett, meist freundlich, wenn auch mit einem leicht herablassenden Ton. Sie wusste immer über alle eine nicht unbedingt schmeichelhafte Geschichte zu berichten, was ihr einen gewissen Status der Überlegenheit sicherte. Sie war stets nach feinster, edler Mode gekleidet, besaß als Erste in der Klasse traumhaft schöne, mit hellem Fell gefütterte rehbraune Winterstiefel, in die ihre Füße einfach hineingleiten konnten, während wir uns noch mit währschaftem, halbhohem, unbequemem Schnürschuhwerk herumschlugen, in deren Innenräume nur mit Hilfe eines unbiegsamen metallenen Schuhlöffels einzudringen war. Ihr durchwegs hochwertiger Auftritt vermochte einen unübersehbaren Makel – der von ihr selbst nicht als solcher wahrgenommen wurde – nicht zu überdecken: ihr unvorteilhaftes Äußeres, vor allem die Zahnstellung, nein, nicht nur ein klein bisschen, wie etwa bei Frieda, die sich damit ein charmantes Lispeln erlaubte, was ich gelegentlich nachzuahmen versuchte, ohne aber jemals auch nur annähernd eine ähnliche Wirkung zu erzielen. Die ausladenden Vorderzähne, die wie zur Abwehr gegen primitive Angriffe aufgepflanzt aus ihrem Mund herausragten, waren ihr Markenzeichen.

Wir Mädchen versuchten ihr nach Möglichkeit nicht in die Quere zu kommen, sondern uns irgendwie mit ihr zu arrangieren oder aber besonders gut mit ihr zu stellen, was äußerst schwierig war. Schließlich sollte vermieden werden, dass sie eventuelle Unarten entdeckte und diese weitererzählen könnte. Die Buben schlugen eh einen großen Bogen um sie, man konnte sich beim besten Willen nicht vorstellen, ob sich je ein männliches Wesen für sie interessieren könnte. Sie wohnte mit ihren Eltern und zwei Geschwistern sowie einigen Hausangestellten in einer sogenannten Villa. Die Bezeichnung wollte mir nicht einleuchten, es war nicht etwa ein schönes, stattliches Haus, vielleicht noch mit verspielten Türmchen, wie ich es gelegentlich auf Bildern bestaunte, sondern ein schnörkelloser, großer Betonklotz, das meist verschlossene

Eisentor zur Einfahrt ziemlich unansehnlich. Und da nie ein Kind bei ihr zu Besuch war, blieb das, was sich dahinter befand, unerforscht. Aber so viel sickerte durch, dass sie aus sogenannt reichen Familienverhältnissen stammte, der Vater, ein groß gewachsener, stattlicher Mann, sollte ein erfolgreicher Fabrikbesitzer sein, ohne dass wir uns darunter etwas Konkretes vorstellen konnten. Ihre Mutter, von der Mägä wohl ihr unvorteilhaftes Äußeres geerbt hatte, sollte gar adeliger Abstammung sein und ein großes Vermögen in die Ehe eingebracht haben. So wurde jedenfalls hinter vorgehaltener Hand gemunkelt.

Das Gefälle war groß. Es gab einige Kinder, die sich Mägä gegenüber wie mit einem angeborenen Makel behaftet empfanden und sich entsprechend unterwürfig verhielten. Wenn sie in den Ferien zu ihrer Patin, Tante Frederike Aurora, verreiste, was in meiner Erinnerung einer Weltreise über den Ozean gleichkam, war jeder Vergleich unangemessen. Später stellte ich fest, dass die Feriendestination nur wenige Kilometer von unserem Wohnort entfernt lag. In unserer Vorstellung aber war sie eine weltgewandte Kosmopolitin, eine von vielen bewunderte Weitgereiste. Während die meisten von uns die langen Sommerferien täglich badend am See verbrachten, mit einem Stück Brot und einem Apfel zur Verpflegung ausgerüstet, residierte Mägä in unseren Vorstellungen irgendwo in der weiten Welt, umfangen von Luxus – und ihre großartigen Berichte bestätigten unsere Vermutungen.

Anderen aber blieb Mägäs abgehobenes Verhalten gleichgültig, so auch mir – außer in wenigen Momenten. Indem sie stets ihre hochwohlgeborene Herkunft ins Spiel brachte, versuchte sie Ungleichheit zwischen den Auserwählten und den sogenannten einfachen, ungebildeten Leuten herzustellen. Mir war das alles ziemlich suspekt, weil ich nicht so richtig begreifen konnte, weshalb sie sich den anderen derart überlegen fühlte. Gut, sie konnte immerhin mit fünf Vornamen aufwarten – dagegen kam keine von uns an. Wenn wir dagegen den Namen unseres Vaters sagen mussten – was nicht gerade selten geschah, irgendwie wurde unser Dasein immer wieder neu registriert und dokumentiert, es war ja die Zeit der Einführung von obligatorischen Impfungen –, dann konnte sie nur mit einem schlichten «Karl» aufwarten. In einem ziemlich hilflosen Versuch bemühte sie sich darum, noch das aufzuwerten, indem sie stets darauf hinwies, Karl solle korrekterweise mit «C» geschrieben werden. Wir zwinkerten uns hinter ihrem Rücken zu, die einen als kleine Rache, andere grundsätzlich, wie um ihr mal zu sagen: «He, du bist mit deinem Vater Karl auch nicht besser dran als wir mit unseren Vätern Fritz, Franz und Paul.»

Ich muss unumwunden zugeben, die wenigen Augenblicke beinahe spielerisch genossen zu haben, wenn ich den Namen meines Vaters laut und unüberhörbar deutlich artikuliert im Klassenzimmer ertönen ließ: «Konstantin.» Was für ein Name! Äußerst selten! Und im schweizerischen Umfeld ziemlich exotisch. Dieser väterliche Name hob mich deutlich von diesem kleinkarierten Bünzlitum ab. Bei uns war alles anders als bei allen anderen. Die Mutter dreißig Jahre jünger als mein Vater. Meine Mutter hatte Stiefkinder, die älter als sie waren. Die Mutter Schweizerin, der Vater Deutscher. Beide passten zusammen wie die Faust aufs Auge. Trotzdem fühlte ich mich angesichts dieser eigenartigen familiären Menagerie in einer

Überlegenheitsposition, meine halbdeutsche Herkunft erfüllte mich nicht ohne Stolz. Jawohl. Unsere Familie, die alles andere als nach schweizerischer Norm zusammengewürfelt war, hatte noch anderes Außergewöhnliches zu bieten. Bei uns war stets nicht nur ein reges Kommen und Gehen, meist von Menschen aus der deutschen Nachbarschaft, sondern die Nachkriegszeit hatte durch die zahlreichen Hilfsaktionen, die besonders deutschen Kindern zugutegekommen waren, die unterschiedlichsten Beziehungen entstehen lassen, die auch dann, als es vielen bereits wieder besser ging, weitergeführt wurden.

Als besonderer Glücksfall stellte sich eine Vereinbarung zwischen dem schweizerischen Stadtammann von Kreuzlingen und dem deutschen Konstanzer Oberbürgermeister heraus. Als die Grenze nach dem Krieg für alle noch immer dicht war, wurde einmal in der Woche der Schlagbaum hochgezogen, damit ein mit deutschen Kindern besetzter Bus aus Deutschland passieren konnte. Auf der Schweizer Seite wurden die Kinder von Familien in Empfang genommen, bei denen sie einen Tag verbrachten und sich wieder einmal satt essen konnten: Milch nach Herzenslust trinken, dick mit Butter bestrichene Brote und all die anderen Köstlichkeiten essen, die für uns selbstverständlich waren. Es war Ehrensache, ein Kind aufzunehmen, schließlich – so die Begründung auch von den vielen Menschen, die konsequent deutschfeindlich eingestellt waren – seien die Kinder nicht schuld am Krieg. Da Geschwister grundsätzlich nicht getrennt wurden, bekamen wir zwei Brüder zugeteilt, die etwas älter als ich waren. Was aber wollten wir den ganzen Tag miteinander machen? Puppen kamen für sie nicht in Frage. Da ihre Eltern als Schauspieler am Theater in

Konstanz engagiert waren, lag es auf der Hand, Theater zu spielen. Die beiden kannten viele Texte aus verschiedenen Stücken auswendig, wir bauten diese irgendwie zusammen, und so ergaben sich meist inhaltlich unzusammenhängende Handlungen, was uns kaum störte. Ein bisschen aus der tragischen «Maria Stuart», gewürzt mit dem Heldentum aus «Wilhelm Tell» oder mit «Käthchen von Heilbronn» gemixt, ergab schließlich irgendetwas, das wir selbst nicht so richtig verstanden, was aber unserer Spielfreude keinerlei Abbruch tat. Es war keine Anstrengung meinerseits nötig, die Texte auswendig zu lernen, das ergab sich nebenbei. Meine Mutter richtete uns auf dem Speicher eine improvisierte Bühne ein, die mit Leintüchern zum «Zuschauerraum» abgegrenzt wurde. Es gab regelmäßig Aufführungen, allerdings benötigte es große Überzeugungskraft, Personen aus der Umgebung zu gewinnen, die bereit waren, als Publikum unseren Darbietungen beizuwohnen. Es war für mich eine aufregende und vor allem lehrreiche Zeit, Auftakt in eine unbekannte Welt nicht nur des Theaters, sondern gleichermaßen Einführung in die Literatur. Als ich etwas älter war, kaufte ich mir mit dem ersten Taschengeld die kleinen, zum Teil bereits etwas zerfledderten Reclam-Heftchen, die in einer Konstanzer Buchhandlung dicht hinter dem Zoll in einer wackeligen Holzkiste vor dem Schaufester für 10 oder 20 Pfennig angeboten wurden. Da konnte ich, zeitlich versetzt, nachlesen, was ich bereits auswendig gelernt hatte, und die Fragmente in die entsprechenden Bühnenstücke einordnen.

Nebenbei lernte ich auch noch, ein anständiges Hochdeutsch zu sprechen. Verglichen mit meinen bedauernswerten Mitschülerinnen und -schülern, die sich zum Teil unheimlich schwertaten, wenn sie Texte vorzulesen hatten, und dabei den Eindruck erweckten, als ob sie mit ihrer schwerfälligen Zunge mühsam Gletscherspalten zu überwinden hätten, klangen meine Vokale und Konsonanten, wenn auch nicht lupenrein, so doch recht ordentlich, jedenfalls flüssig und ohne phonetische Verrenkung. Gemessen am schweizerischen Lebensstandard, konnte ich weiß Gott nicht mithalten, dennoch wähnte ich für mich ein Kapital gefunden zu haben, das unvergleichlich größer und umfassender war. «Gut, ihr seid zwar eingebettet in Wohlstand und Sicherheit», dachte ich über meine schweizerischen Mitschüler, «aber eure Welt hört an der Grenze auf, meine hingegen beginnt dort, wo eure endet.» Im Nachhinein versuchten mir eifrige Psychotherapeuten gelegentlich einzureden, dass es sich dabei wohl eher um eine Möglichkeit gehandelt habe, den Schmerz der Ungleichheit zu verdrängen und damit nicht zur Kenntnis nehmen zu müssen. Doch kann ich mich nicht erinnern, auch nur einmal ein Gefühl der Benachteiligung gespürt zu haben.

Doch zurück zur vor Selbstbewusstsein strotzenden Mägä: Allen außer ihr selbst war klar, dass sie die Prüfung in die Sekundarschule nicht schaffen würde. Auch die Aufnahme in ein privates Institut misslang, und der Versuch, sie mit Privatlehrern über die Runden zu bringen, war ebenfalls nicht von nachhaltigem Erfolg gekrönt. Später absolvierte sie schließlich eine Berufslehre im kaufmännischen Bereich in einem Gastronomiebetrieb – was ohnehin weit unter ihrer Würde lag. Trotzdem vermochte sie auch diese nur mit Müh und Not abzuschließen. Obwohl wir längst keinen Kontakt mehr hatten, wurde in unserer kleinen Stadt die unschmeichelhafte Entwicklung der hochwohlgeborenen Tochter akribisch verfolgt und nicht ohne Häme breitgetreten. Noch bevor sie die Lehre beendete, wurde sie von einem Gleichaltrigen schwanger, Sohn eines italienischen Gastarbeiters. Ein Abstieg in die mögliche zukünftige Schwiegerfamilie wäre eine derart harte Nuss für sie und ihre Familie gewesen, dass sie es vorzog, auf eine Verheiratung zu verzichten. Sie übergab das Kind dem Vater, von dessen Mutter es mit großer Freude in Empfang genommen und mit ebensolch großer Hingabe aufgezogen wurde. So viel hatte ich damals noch mitbekommen, die Fortsetzung erfahre ich nun bei unserem Klassentreffen.

Nachdem sich Mägä eine für sie vorteilhafte Sicht auf die vorbeiziehende Landschaft gesichert hat, wendet sie sich mir zu und beginnt von sich zu berichten, in einer interessanten Mischung von übrig gebliebenem Dünkel und durchaus ernsthafter Reflexion. Das alles sei für sie nicht einfach gewesen, erzählt sie erstaunlich offen. Schließlich habe sie ganz andere Pläne für ihr Leben gehabt. Wie ihre zwei Jahre ältere Schwester, die sich immerhin mit einem Bankdirektor vermählte, wollte sie standesgemäß – das sei ja schließlich verständlich! – heiraten. (Den Umstand, dass der Bankdirektor später durch unrühmliche oder gar kriminelle Machenschaften in die Schlagzeilen geriet – für längere Zeit das Topthema in unserer Stadt –, erwähnt sie nicht.) Ihr älterer Bruder habe das väterliche Unternehmen übernommen und zunächst recht erfolgreich geführt, später leider viel Pech mit führenden Mitarbeitern gehabt, die mit Fehlentscheidungen die Firma in Schwierigkeiten gebracht hätten – mit anderen Worten, er ging pleite. Das Vermögen der Mutter, obschon beachtlich, sei dahingeschmolzen wie Schnee in der Sonne, denn der Vater wollte den Absturz des Sohnes verhindern und butterte noch große Vermögensanteile in das sinkende Schiff hinein, ohne Erfolg. Und als sich dann die Eltern in einer Luxusresidenz einquartiert hätten, sei nach ihrem Tod keine große Erbschaft mehr anzutreten gewesen. So sei sie allmählich in einer harten, für sie noch unbekannten und vor allem ungewohnten Realität gelandet und hatte sich mit der Frage auseinanderzusetzen, wie sie denn ihren Lebensunterhalt zu verdienen gedenke. Wie ich mir sicher vorstellen könne, hätten bislang derartige Überlegungen keinerlei Bedeutung gehabt, vor allem die Dringlichkeit, das Problem zu lösen, habe sie in große Bedrängnis gebracht. Sie unterbricht für einen kurzen Moment ihre Erzählung, ein wunderschöner schlanker Schärenkreuzer zieht an uns vorbei, «Ja», seufzt sie, «das waren noch Zeiten, als wir jeweils mehrere Tage auf unserem Familienschiff durch die Wellen segelten – also, ich meine nicht auf dem doch bescheidenen Bodensee, das versteht sich ja von selbst, meist in der Nordsee.» Ich schmunzle, ohne eine Miene zu verziehen, und denke: «Ja, sie ist noch immer im größenwahnsinnigen Selbstbild eingeschlossen, für sie ist das schwäbische Meer der klitzekleine See, für mich ist es der großartige Ort, an dem sich ozeanische Weite erahnen lässt.»

Nachdem sie sich von ihren romantischen Erinnerungsbildern verabschiedet hat, höre ich die Fortsetzung. Auf besondere Empfehlung eines sehr vermögenden Bekannten ihrer Familie ließ sie sich als edle Empfangsdame auf einem vornehmen Kreuzfahrtschiff engagieren. Mit den heutigen sogenannten Luxusdampfern sei das nicht zu vergleichen gewesen. Da sei es noch richtig gesittet und mit Manieren zugegangen, vor allem die Passagiere seien ausnahmslos hochstehende und gebildete Persönlichkeiten gewesen. Heutzutage würden primitive Personen, die es sich eigentlich nicht leisten könnten, zu billigsten Preisen Tickets für einen feudalen Liner erstehen können und sich wie auf einem Camping benehmen, das wäre früher undenkbar gewesen. Damals gehörten Abenddiners zum Tageshöhepunkt, alle Gäste seien ausnahmslos in großer und allabendlich in unterschiedlicher Garderobe aufgetreten, während heute das Volk im Lumpen- und Fetzenlook herumlatsche. Nur Menschen von Rang und Namen, vor allem aber begütert, von vornehmem Benehmen, habe man unter den Passagieren damals angetroffen. Man sei eben gewissermaßen unter sich gewesen. «Mägä», denke ich flüchtig, «ist also noch ganz die Alte», doch bevor ich den Gedanken zu Ende gedacht habe, schleicht sich ein anderer, etwas dunklerer Ton in ihre Erzählung ein. Dabei hätten sich auch einige interessante Beziehungen zu hochstehenden Männern entwickelt, die durchaus ihrem Stand entsprochen hätten, dennoch ohne jegliche Aussichten auf eine zukünftige Weiterführung und eventuelle Legalisierung, da die meisten bereits verheiratet gewesen seien. Die Zahl der allfälligen Verehrer nahm mit der Zeit immer mehr ab, bis sie es Mitte fünfzig nach einer besonders unglücklichen Liebesbeziehung aufgab, nach weiteren heiratsfähigen Protagonisten Umschau zu halten. Den Kontakt mit ihrem Sohn Sandro habe sie während der ganzen Zeit intensiv und regelmäßig aufrechterhalten, sie müsse aber zugeben, dass der Impuls trotz der nicht unbedingt freudigen Vorgeschichte vorwiegend von ihm ausgegangen sei, denn er habe sich seiner Mutter trotz der unrühmlichen Vorgeschichte immer sehr verbunden gefühlt. Während einer gesundheitlichen Krise, die sie durchzustehen hatte, stand er an ihrer Seite. Mit ihrer Gesundheit stehe es nämlich noch immer nicht zum Besten, aber sie habe dabei viel lernen müssen. Sie wirkt irgendwie auch zufrieden und beinahe etwas geläutert, nur wenn sie sich die Sonnenbrille wieder zurechtrückt, schleicht sich noch ein letztes Bemühen um «Grandezza» in ihre Geste ein. Und irgendwie wird sie mir allmählich sogar etwas sympathisch. «Ja», sagte sie: «es war ein schmerzvoller Prozess, quasi vom hohen Ross heruntersteigen zu müssen. Aber dennoch, es geht mir gut, ich bin irgendwie bei mir angekommen.» Berührt von dieser Erkenntnis, bedaure ich, dass es ihr nicht viel früher gelungen ist, ihre lebenshinderliche Einstellung zu hinterfragen und Einsichten zu gewinnen. Wenige Tage nach unserem Treffen erhalte ich die Nachricht von ihrem plötzlichen Tod: Herzstillstand.

Schattendasein bei 134 IQ

Es gab nur wenige Mädchen, die sich mit Mägä befreunden wollten. Eine aber war stets an ihrer Seite: Zilli. Obwohl sie sehr gute Noten schrieb, ausgesprochen hübsch und entsprechend bei den Buben gefragt war, verhielt sie sich Mägä gegenüber unterwürfig, ja gelegentlich kam es uns sogar vor, als ob sie ihr zudiente. «Soll ich dir den Bleistift spitzen?», «Möchtest du, dass ich dir die Mappe trage?» Das waren ungute Töne, wir mischten uns nicht ein, nur einmal fauchte Kölle sie an: «Du hast ja wohl einen Vogel! Du bist doch nicht ihre Dienerin!» Ich war oft sprachlos und konnte Zillis Verhalten nicht verstehen. Denn in meinen Augen hatte sie nun weiß Gott keinen Grund dazu. Sie schrieb brillante Aufsätze, die gelegentlich als leuchtendes Beispiel vom Lehrer vorgelesen wurden, ihre mathematische Begabung stand außer Zweifel, und mit den französischen Vokabeln unterhielt sie in unseren Augen ein geradezu freundschaftliches Verhältnis. Sie war übrigens auch die Einzige, der es gelang, aus dem Stand unregelmäßige Verben zu konjugieren und mit dem Passiv, das bei uns ziemlich verschrien war, spielerisch umzugehen. Trotzdem strahlte sie eine Bescheidenheit aus, die sie sehr sympathisch machte, zumal sie jederzeit bereit war, schwächeren Schülern zu helfen. Als ich einmal zu ihrem Geburtstag bei ihr zu Hause eingeladen war, staunte ich über die kunstvollen Holzarbeiten, die alle von ihrem Vater stammten, wie sie nebenbei erzählte. Besonders die Küche war ein kleines Wunderwerk, wie ich es noch nie gesehen hatte. Bei uns war da ein Tisch mit vier Hockern, daneben ein kleiner Holzofen, der im Winter bereits um sechs Uhr früh von meinem Vater in Betrieb gesetzt wurde, und in einer Ecke stand eine etwas unförmige, eierschalenweiße, abgeschabte mehrstöckige Kommode. Zilli hätte durchaus stolz auf diesen Vater sein können, der handwerklich so geschickt war. Aber davon war keine Spur zu erkennen. In ihrem Kopf gab es die «Mehrbesseren» und die anderen. Als sie einmal in einem Intelligenztest bei 134 Punkten landete, war sie davon überzeugt, das Ergebnis sei verwechselt worden. In ihrem Kopf hatte sich die Formel fest installiert: «Und die einen sind im Dunkeln, und die andern sind im Licht …» Sie selbst, davon war sie überzeugt, gehörte definitiv nicht zu denen im Licht. Das Fatale daran war nur, dass sie sich zeitlebens danach sehnte dazuzugehören …

Als wir uns begegnen, fällt mir auf, wie attraktiv und bewegungsfreudig sie unterwegs ist, noch mit voller Haarpracht, im Gegensatz zu den meisten; obwohl sie in unserem Alter ist, wirkt sie sehr viel jünger. Von Altersgebrechen also keine Spur. Sie will zielgerichtet auf Mägä zusteuern, aber ich fange sie gerade noch rechtzeitig ab, biete ihr einen Platz direkt neben mir an und verwickle sie rasch in ein Gespräch. Schließlich weiß ich von früher, dass sie sich wie eine Klette bewundernd an Mägä festbeißen würde. Das Risiko ist mir also zu groß, denn ich will unbedingt wissen, was aus ihr geworden ist. Mägä ihrerseits ergreift die Möglichkeit, sich ins Restaurant abzusetzen, denn sie benötige, wie sie uns kurz mitteilt, dringend einen ziemlich starken Kaffee. Obwohl Zilli ihr unverzüglich nacheilen möchte, ist es nach meiner Aufforderung dazu zu spät. Und da sie ein höflicher Mensch ist, lässt sie meine Fragen nicht unbeantwortet, sondern beginnt zu erzählen.

Zuerst machte sie eine Lehre in einer Drogerie. Dann absolvierte sie auf dem zweiten Bildungsweg die Matura und studierte anschließend Betriebswirtschaft. Mit ihrer fundierten Ausbildung hätte sie nun gute Berufschancen gehabt. Aber sie war nicht zufrieden, es folgten weitere Master-Abschlüsse. Sie hatte noch immer das Gefühl, den «Mehrbesseren» nicht das Wasser reichen zu können. Wahrscheinlich hatte sie die Latte derart hoch angesetzt, dass es unmöglich war, jemals dort hinaufzugelangen. Beruflich landete sie mehr zufällig als von ihr angepeilt einen besonderen Coup. Sie bewarb sich in einem großen Konzern für eine Stelle, die sie mit der Begründung der Überqualifikation zwar nicht bekam, im Gegenzug wurde ihr aber eine verantwortungsvolle Leitung im Bereich Controlling angeboten. Eigentlich hätte sie sich darüber freuen können, aber das alte Gefühl, nicht zu genügen, nagte noch immer an ihr. Sie versuchte, es mit entsprechend einflussreichen Herren zum Schweigen zu bringen. Beziehungen zu hochdekorierten Akademikern folgten, sie waren zwar nicht immer lupenrein, ließen aber immerhin eine gewisse Überlegenheit erahnen. Schließlich heiratete sie einen Lungenarzt, Alkoholiker, der wenige Jahre später verstarb. Es folgte ein Sportler aus der ehemaligen DDR, der wegen Dopings in die Schlagzeilen geriet und sich in psychotherapeutische Behandlung begeben musste, um sich später ganz in einer psychiatrischen Klinik niederzulassen. Und als Krönung folgte ein Wirtschaftsanwalt mit gefälschtem Doktortitel, der sich nicht nur an ihrem gesamten Ersparten bediente, sondern sie auch in einem Moment der Unbesonnenheit für eine Bürgschaft gewinnen konnte. Der falsche Anwalt hatte bereits vor der Beziehung mit Zilli einige Frauen mit unaufrichtigen Versprechungen beglückt und sie um ihre Ersparnisse erleichtert, weshalb Anzeige gegen ihn erfolgte und er für zwei Jahre im Gefängnis verschwand. Inzwischen ist er wieder auf freiem Fuß und frönt frisch-fröhlich seiner immerhin über Jahre bewährten Strategie. Als die ganze Sache aufflog, sei für sie eine Welt zusammengebrochen. Von diesem Schock erholte sie sich nur schwer. Obwohl sie sich seit langem in Rente befindet und bienenfleißig in der Geschäftsleitung als Senior-Coach tätig ist, fahndet sie noch immer nach dem erlösenden Wurf, der sie einige Tritte nach oben führen soll. Als sie mir erzählt, dass sie inzwischen die Geliebte eines emeritierten Professors geworden sei, der sehr berühmt sei und mehrere kluge Bücher geschrieben habe, strahlt sie wie eine frischverliebte Sechzehnjährige. Den leisen, etwas melancholischen Nachsatz, dass er leider verheiratet sei und deshalb wenig Zeit für sie habe, fügt sie noch wie nebenbei an. Etwas unüberlegt rutschen mir die Worte über die Lippen: «Schöne Scheiße, mit 75 Jahren noch als Geliebte im Versteck zu hocken!», die sie aber mit beinahe freudigem Unterton kontert: «Ja, aber er liebt mich, und mit seiner Frau lebt er nur noch aus Gewohnheit zusammen, zudem haben sie seit Jahren ja keine Sexualität mehr!» Mir bleibt nur noch «wie beruhigend!» zu sagen. Ich weiß nicht, ob ich sie bedauern oder ob ich sie einfach heftig schütteln soll, damit sie zu Verstand kommt.

Die Begegnung mit Zilli und Mägä hat mich ziemlich nachdenklich gestimmt. Wie war es möglich, dass ein intelligentes Mädchen, das guten Grund gehabt hätte, stolz auf einen Vater zu sein, der in der Lage war, zauberhafte Möbelstücke herzustellen, sich derart in den Schatten stellte! Wie konnte es geschehen, dass sich dieses Mädchen an die Fersen eines anderen Kindes heftete, das keinerlei sichtbare und auf Eigenleistung beruhende Vorteile vorzuweisen hatte! Wie konnte es sein, dass sie sich Mägä gegenüber als weniger wert empfand! Und wie konnte es geschehen, dass sich dieses selbstentwertende Verhalten selbst nach Jahrzehnten noch immer als unverrückbare Tatsache zeigt? Es ist mir schon damals nicht leichtgefallen, das Gespann Mägä/Zilli als ernst zu nehmendes freundschaftliches Miteinander zu begreifen, eher erschien es mir als eine unerklärbare Behinderung. Zilli besaß alles, was für eine erfolgreiche berufliche Laufbahn erforderlich ist. Aber der Stachel des Unwertgefühls trieb sie immer wieder in Beziehungen, von denen sie sich erhoffte, sie würden sich aus der sogenannten niederen sozialen Schicht erheben. Selbst als das Gegenteil sie eigentlich eines Besseren gelehrt haben sollte, wich sie noch immer nicht von diesem Muster ab.

Um dieser Frage nachzugehen, würde ich zu gerne noch mit Zilli sprechen, doch dazu kommt es leider nicht. Denn als Mägä mit dem Kaffee zurück ist und sich zu uns setzt, werde ich unverzüglich aus Zillis Aufmerksamkeit entlassen. Sie wendet sich Mägä zu, und mir scheint, als ob das alte Spiel nochmals neu aufgelegt wird. Wenn ich von Mägä und Zilli etwas gelernt habe, dann dies, wie wichtig es ist, sich stets selbst die Treue zu halten. Auch wenn ich es damals noch nicht in Worte zu fassen vermochte, war für mich eines klar: so niemals. Und weil mich diese Wiederbegegnung hinterher noch sehr beschäftigt, kann ich es nicht lassen und schreibe Zilli eine E-Mail, ob sie bereit sei, mir einige Fragen zu beantworten:

Liebe Zilli!
Du warst eines der klügsten Mädchen und warst bei allen – auch bei den Buben – sehr beliebt. Ich hatte den Eindruck, das Lernen fiel Dir leicht, Deine Aufsätze wurden regelmäßig vorgelesen, weil sie sprachlich sämtliche Bedingungen erfüllten, die vom Lehrer vorgegeben wurden. Du hattest tolle Eltern, Dein Vater war ein begnadeter Möbelschreiner, Deine Mutter eine sehr liebe Person, die uns an den Geburtstagen verwöhnte. Wie aber ist es möglich,

dass Du Dich stets um die Freundschaft mit Mägä bemühtest, obwohl sie Dir, was Intelligenz betrifft, in keiner Weise ebenbürtig war? Es blieb für mich immer ein Rätsel, weshalb Du nicht erhobenen Hauptes Deine Position, die Dir zugestanden hätte, eingenommen hast.

Sie antwortete unverzüglich, wie nicht anders zu erwarten war:

Liebe Julia,
herzlichen Dank für Dein Mail, wow – eines der klügsten Mädchen, sehr beliebt – Attribute für mich? Fremde Töne!

Warum ich mich um Mägä bemühte, fragst Du mich? Ich habe diese Frage auf einen langen Spazierweg mitgenommen. Versuchte, eine Antwort zu finden. Lange musste ich nachdenken, dabei ist mir Folgendes klargeworden: Ich lebte in zwei Welten, die vollständig voneinander getrennt waren. Wie Du weißt, hatte ich einen sehr langen Schulweg, der mir damals sehr entgegenkam. Kaum schloss ich die Haustüre hinter mir, öffnete sich die Türe in meine Phantasiewelt. Da lebte ich dann in meinem großen Haus, in einer Familie, in der man mir zuhörte, meine Wünsche ernst nahm, mich förderte, wo ich Klavier spielen durfte, ja und ich gebe es zu, in dieser Familie drehte sich vieles um mich. Als Varianten in meiner Pseudowelt war ich dann das Mädchen, welches seine Geschwister versorgte, weil die Eltern gestorben sind. Doch dann verliebte ich mich in einen Prinzen, besser gesagt, er sich in mich. Das ging dann aber schon in Richtung Schah von Persien. Als ich dann realisierte, dass ein Vergleich mit Farah Diba sogar in meiner Traumwelt nicht funktionierte, machte ich mit dieser

Szenerie Schluss und verlegte meine Vorstellungen in eine andere Richtung.

So wurde aus mir eine begabte Ärztin, erfolgreich im Operationssaal, abwechslungsweise mit leidenschaftlichem humanitärem Einsatz in der Dritten Welt. Dann eine wissenschaftlich tätige Biologin, die großartige Entdeckungen in der Medikamentenforschung auswies. Dazwischen immer wieder, und dies fast mein ganzes Leben lang, Schriftstellerin. Was ich auch tat, ich war erfolgreich, angesehen und beliebt.

Kam ich dann wieder zurück in mein Zuhause, trat ich in die realistische Welt. Ich hatte als Älteste immer viel zu tun! «Gut, dass Du da bist, geh einkaufen, putze die Küche, hol Salat im Garten, miste den Hühnerstall aus, geh mit zum Heuen, Unkraut jäten, schau auf die Kleinen, füttere die Kaninchen.» Verstehe mich richtig, ich hatte ein liebevolles Elternhaus, wir Kinder wurden von unseren Eltern geliebt, aber ich wurde als Individuum nicht wahrgenommen. Nur als Teil, sozusagen als ein Puzzleteilchen dieser Familie. Es interessierte sich niemand, wie es der Zilli ging, Hauptsache, sie machte, was man ihr sagte. Und alles blieb in dieser Familienharmonie. Meine Eltern genügten sich selber in ihrer kleinen Welt mit ihren vier Kindern. Sie brauchten kein Außen, keine Freunde, keine Bekannten, ihr Kontakt beschränkte sich auf ihre Herkunftsfamilie, das heißt auf die Familie meiner Mutter. Mein Hunger nach Wissen, meine Neugierde auf das Leben war ihnen fremd, und so konnten sie mich auch nicht unterstützen. Meine Mutter lehrte mich neben der Haushaltsführung Stricken und Häkeln. Meine Leseleidenschaft konnte ich erst ausleben, wenn alles, aber wirklich alles an Arbeit getan war, was meistens erst im Bett der Fall war. Für sie gab es zwei Schichten Menschen, wir gehörten zur zweiten Kategorie, die zwar viel weniger an Wohlstand aufwies als die anderen, aber als Entschädigung waren wir eben glücklich, jedenfalls meinten sie es. Ich aber spürte dieses Glück keineswegs. Ich wollte nur eines, raus aus diesem angeblichen Wohlfühlnest, das mir sämtliche Türen zur Welt versperrte.

Nun, als ich den Absprung geschafft hatte, war ich längst nicht auf den rauen Wind vorbereitet, der mich später treffen sollte. Die Brücke zwischen Traumwelt und Realität klaffte meilenweit auseinander. Da gab es eigentlich nur eine Person, die mich vor mir selbst retten konnte: Mägä! Dort erlebte ich einen Teil dieser anderen Welt. Noch heute erinnere ich mich gut daran, wie ich einmal bei ihr zu Hause war und Mägä mir das Abendkleid ihrer Mutter zeigte, welches sie am vergangenen Samstag in der Oper trug. Ich sehe das wunderschöne lange Kleid noch genau vor mir, türkisfarben, aus schwerem Satinstoff, dazu eine weiße Pelzstola. Staunend stand ich da, und für Momente dachte ich, ich sei nun doch in einer Märchenwelt gelandet oder in einem Königshaus.

Obwohl ihre Antwort viel an Reflexion vermuten lässt, scheint sie noch meilenweit davon entfernt zu sein, ihre Einsichten in ein neues Verhalten umzusetzen, das sie nicht schädigt.

Die Annahme, Kinder erlebten bereits aus eigener Bewertung in der Schulzeit die ersten Klassenunterschiede, die sich auf ihre Herkunft beziehen, ist falsch. Kinder nehmen mit jedem Atemzug den Wertekanon, der innerhalb der Familie gilt, auf. Ob es bestimmte Statussymbole sind wie etwa Markenkleidung, in der heutigen Zeit die digitale Ausrüstung oder auch nur die Zugehörigkeit zu kaum benennbaren faktischen Attributen, wie zum Beispiel herausragende kulturelle, unternehmerische oder politische Leistungen von Vorfahren, selbst einfach aufgrund eines familiären Dünkels, der sich über Generationen weitervererbt, spielt eigentlich keine Rolle. Die Bewertung sitzt tief.

Auf der einen Seite stärkt sie ein fragiles Selbstbewusstsein derjenigen, die sich anderen überlegen fühlen und sich nach unten abgrenzen wollen, auf der anderen Seite schwächt sie diejenigen, die sich unterlegen fühlen. Später sind Schmauchspuren aus der Vergangenheit leicht zu erkennen, denn sie erzählen meist eine interessante Geschichte, wie ein Kind seinen Selbstwert oder Unwert generierte, und geben Einblick in die Selbstbewertung. Selbst wenn sich die Gleichung, Wohlstand sei untrügliches Zeichen von Bildung, während Mittelosigkeit auf mangelnde Bildung hinweise, im Laufe der späteren Erfahrung als Irrtum herausstellt, bleibt sie dennoch in manchen Köpfen verankert und hat eine lange Halbwertszeit.

Unter Umständen entsteht das lebenslange Bemühen, den empfundenen Makel zu reparieren. Der Kampf vollzieht sich entweder in inneren Bereichen: Jemand kann noch so erfolgreich sein, kann mit hochkarätiger Ausbildung aufwarten, das Gefühl, nicht zu genügen, bleibt erhalten. Oder der Kampf wird nach außen verlagert, zum Beispiel in politisches Engagement, Einsatz für Chancengleichheit, Umverteilung und grundsätzlich in das Bestreben, denen «da oben» ihre Statussymbole abzuringen.

Letztlich aber sind beide Positionen nicht nur anstrengend, sondern verhindern einen guten Selbstkontakt. Die einen müssen viel Energie aufwenden, um sich über andere zu erheben, was vor allem dann schwierig wird, wenn sich die Überlegenheit auf keine konkreten Leistungen und Fähigkeiten, wie sie etwa im sportlichen, intellektuellen oder handwerklichen Bereich erbracht werden, beziehen kann. Die anderen, die stets bestrebt und damit beschäftigt sind, einen vermeintlichen Mangel auszugleichen, landen mit jedem Versuch erneut in einer Enttäuschung, da sie das Ziel nie erreichen. Das Gefühl des Unwerts, des Nichtgenügens sitzt tief und wird sich nicht durch Gegenaktionen aus dem Staub machen. Dazu ist eine ganz andere Bearbeitung nötig, nämlich grundsätzlich eine Bereitschaft, sich ernsthaft mit sich selbst auseinanderzusetzen, den emotionalen Komplexen nachzuspüren, sie verstehen zu lernen, zu betrauern und zu bewüten, um sie schließlich zu verarbeiten.

Auch ich hätte guten Grund gehabt – schließlich war ich ein Arbeiterkind, genau genommen ein Arbeiterinnenkind, denn meine Mutter arbeitete als Näherin in einer Fabrik –, mich soziologisch in der unteren Schicht einzuordnen. Im Rückblick kann ich allmählich verstehen, weshalb es nicht klappen wollte: Ich fühlte mich nie benachteiligt. Ich stand nicht im Schatten. Im Gegenteil: Wenn mich meine Mutter sah, ging auf ihrem Gesicht die Sonne auf, und ich hatte das Gefühl, so wie ich bin, ist es wunderbar. Als mir meine Mutter mit ihrem kargen Lohn ein feuerrotes Sackkleid – das damals große Mode war – kaufte, fühlte ich mich besonders wertgeschätzt. Und wenn ich sie am Fabriktor abholte, dann begann für uns beide der festliche Abend mit einem sehr schlichten Abendessen. So kam ich gar nie auf die Idee, in irgendeiner Weise benachteiligt zu sein.

Die Unangepassten

Auf dem Eisfeld unschlagbar

Wir hatten in unserer Klasse einige Buben, die in kein Raster passen wollten. Für uns Mädchen war das andere Geschlecht eh etwas ziemlich Exotisches – vor allem für mich, da ich ohne Brüder aufwuchs. Obwohl ich ja von meiner eigenen Familie einiges gewohnt war, was nicht so recht in die wohltemperierte schweizerische Gesellschaftslandschaft hineinpassen wollte, gab es auch für mich einige Überraschungen, die gewöhnungsbedürftig waren. Sich aber abseits des üblichen gesellschaftlichen Verhaltenskodex zu bewegen kam für mich dennoch nicht in Frage. Denn auf eines hielt meine Mutter stets ein Auge: sich immer und überall anständig und unauffällig zu benehmen.

Anlässlich unseres Klassentreffens bin ich vor allem gespannt, die sogenannten Querschläger, die sich nicht an die gängigen Regeln hielten und stets Anlass für Aufregungen gaben, wieder zu treffen. Was ist aus ihnen wohl geworden? Ist es ihnen gelungen, ihre unangepasste Lebensart bis ins Alter beizubehalten? Bereits auf dem Parkplatz fiel mir auf, dass sich ein statusträchtiges Auto – ein dunkelgrüner Jaguar Sportwagen – ziemlich breit machte und gleich zwei Plätze in Anspruch nahm. Zudem ragte das Hinterteil weit in den Fußweg, obwohl vorne durchaus genügend Platz vorhanden gewesen wäre. Sofort assoziiere ich, wem dieser Wagen gehören könnte. Ich tippe auf Helmer, diesen Aufschneider, der schon als dickliches Kind sein Übergewicht beinahe stolz vor sich hertrug und mit größter Selbstverständlichkeit übermäßig viel Platz beanspruchte und darauf bestand, alleine eine für zwei Kinder vorgesehene Schulbank zu besetzen. Ich bin dann aber etwas überrascht, als sich Kölle dazu bekennt, der gerade dabei ist, mit seinem Rollator zwischen den Bänken hindurchzuzirkeln. Was für ein bedauerlicher Anblick! Und ich kann es mir nicht verkneifen, ihn bei der Begrüßung ziemlich undiplomatisch zu fragen: «Um Gottes willen, was ist dir zugestoßen?» Er antwortet nicht minder pampig, aber mit verschmitztem Lächeln: «Blöde Gans, wart nur mal ab!» Trotzdem setzen wir uns zusammen auf eine Bank. Das ist er also, Kölle, der einstige unumstrittene Star nicht nur auf dem Eisfeld, sondern gleichermaßen zu Lande. Eishockey war seine Domäne, ob er als Stürmer wie ein Pfeil über das spiegelglatte Eis schoss, den Schläger als sein gefährliches Schießeisen wie ein Jagdhund vor sich hertrieb, um mit einem gezielten, kurz zischenden Schlag den Puck ins Tor zu pfeffern, oder tänzelnd – ja beinahe anmutig – in winzigen Schrittchen minutiös einen Angriff plante, mühelos von vorwärts auf rückwärts drehte, ganz zu schweigen von seiner großartigen Methode, den einen Fuß schwungvoll weit über die andere Fußspitze zu setzen, das Standbein spielerisch und gekonnt darunter hervorzuziehen und daneben aufzusetzen – als wäre es das Leichteste auf der

Welt. Obwohl ich mich damals vor allem bemühte, nicht genau hinzuschauen, um nicht vor Neid zu platzen, war ich dennoch meist damit beschäftigt, meine ziemlich ramponierten Schlittschuhe, die sich ausgerechnet immer dann vom Schuh lösten, wenn ich zu einem Sprung ansetzen wollte, wieder zu befestigen. Und während ich öfter, als mir lieb war, nach einem Sturz beschämt auf dem Eis hockte, entweder weil ich die verdammten Eisen festzuzurren hatte oder weil es mir technisch nicht gelingen wollte, flitzte Kölle an mir mit leicht herablassender Miene vorbei. Denn ihm entging diesbezüglich nichts, er machte unverzüglich einen raschen Abstecher in die niedrigen Gefilde der Anfänger und Flaschen, drehte mit mitleidigem Blick einige Runden um uns herum, drosch alsdann davon und hinterließ zischend seine scharfen Spuren im blitzblanken Blau des harten Eises.

War er nicht auf der Eisfläche, saß er auf seinem silbergrauen, mit glitzernden Speichen ausgerüsteten Rennfahrrad und bemüßigte sich nur dann herabzusteigen, wenn er ins Innere des Schulhauses zu gehen hatte, sonst thronte er stolz balancierend auf seinem schmalen Sattel und schnurrte mit großer Lässigkeit rückwärts im Leerlauf, um uns unsere bemitleidenswerte Position spüren zu lassen. Die meisten von uns hatten irgendein schwerfälliges, unhandliches Fahrrad, noch ohne Schaltung. Ich nannte ein rostschwarzes Militärmodell mein Eigen, dem der hilflose Umbauversuch, es in ein Damenvelo umzurüsten, anzusehen war. Es war uralt, streikte meistens und musste dann geschoben werden. Kölle ragte aus allen heraus. Kein anderer Junge konnte es mit ihm aufnehmen. Und er wusste es. Und genoss es auch.

Er war das mittlere Kind von drei Brüdern. Sein Vater besaß eine große Garage, spielte ebenfalls Eishockey und war zum zweiten Mal verheiratet. Die Söhne wurden sportlich gefördert, der Älteste gewann dreimal hintereinander den Schülerschwimmwettbewerb – ich wurde als achte von acht Kandidatinnen platziert, was einer öffentlichen Hinrichtung gleichkam. Auch sprang er mir nichts, dir nichts vom Fünfmeterbrett, als ob es sich um ein Kinderspiel handelte, während wir Mädchen uns gegenseitig Mut zusprechen mussten. Beim Jüngsten hingegen, der eine Klasse unter mir zur Schule ging, wollten die sportlichen Leistungen nicht richtig in Schwung kommen. Er versuchte es in einigen Disziplinen, blieb aber im Mittelfeld stecken oder wurde ganz aus Wettveranstaltungen ausgeklinkt, was ihn mir besonders sympathisch machte. Kölle hatte eine große Klappe, war oft mit anderen Jungs im Zwist, was ihn persönlich keineswegs störte. Auch seine schlechten schulischen Leistungen schienen ihn nicht zu beunruhigen. Im Gegenteil, er machte sich gerne über diejenigen lustig, die zwar gute Arbeiten ablieferten, aber sportlich nichts auf dem Kasten hatten.

Nun also sitzt er vor mir wie eine zerbröselte Ruine, mit dem Rollator griffbereit in Reichweite. Da er schon immer sehr gesprächig war, muss ich keine Fragen stellen, er redet ohnehin nonstop. Prompt erzählt er freudig, sein Auto – «mein Jäger», wie er es beinahe zärtlich nennt – sei seine große Freude. Also nicht Helmer, wie ich vermutete, gehört der Jaguar, der auf dem Parkplatz zu viel Platz einnimmt. «Wenn ich über die Autobahn donnere – vor allem auf den deutschen!! Haha –, dann ist für mich die Welt in Ordnung. Und die paar Schritte, die ich dann noch in freier Wildbahn zurücklege, da hilft mir mein ‹Rolli›», sein Blick streift mit einer Ambivalenz von herablassender Dankbarkeit und unausweichlicher Schicksalsergebenheit seine Gehhilfe. Er habe sich eben seine Knie ramponiert, sei beidseits operiert, die vielen Stürze auf dem Eis hätten sie nicht ausgehalten. Knieprothesen, die seien heute supergut, da gebe es nichts zu kritisieren, aber früher, da habe man wohl irgendwelche rostanfälligen Schraubgelenke aus der damaligen DDR importiert und den Sportlern implantiert. Aber das sei eben der Preis. Trotzdem, er würde alles wieder genauso machen.

Er wirkt etwas rastlos und trotzdem ziemlich aufgeräumt. Nun weiß ich von früher, dass er – wenn er nicht gerade Schlittschuhe an den Füßen hatte oder auf seinem Rennfahrrad herumfuhr – stets hinter Mädchen her war. Auch mir hatte er einmal wie ein Idiot an die noch kaum vorhandenen Brüstchen fassen wollen, ich war damals wie erstarrt, drehte mich aber noch geistesgegenwärtig weg, rannte davon, und er rief mir hinterher, ich sei eine besonders blöde Gans. Später, als wir schon längst aus der Schulpflicht entlassen waren, hörte ich in den Medien von seinen sportlichen Leistungen, von seinen Stürzen – einmal ein spektakulärer Aufprall an den Banden, Kopf voran mit Schädeltrauma. Er verbrachte einige Zeit im Krankenhaus, hinterher in der Reha, das sei eine tolle Zeit gewesen, berichtet er noch immer voller Begeisterung, vor allem was die große Auswahl von Krankenschwestern, Pflegerinnen und Physiotherapeutinnen betraf. «Ein riesiges Angebot!» Mit einer dieser Pflegekräfte zeugte er ein Kind, heiratete sie später und ließ sich auch gleich wieder scheiden, da schon die Nächste auf ihn wartete. Er war bekannt für seine Frauengeschichten. «Klar», meint er, «ich bin doch nicht bescheuert und lass etwas anbrennen.»

Bei der dritten Ehefrau, Livia, dreiundzwanzig Jahre jünger, die zwar der deutschen Sprache nicht unbedingt mächtig sei, dafür aber herzensgut und nachsichtig, habe er nochmals zugelangt und sei dann glücklicherweise bei ihr hängen geblieben – und zwar bis zum heutigen Tag. Sie sei nicht nur sehr nett, sehe auch noch supergut aus, zudem sei sie eben sehr tolerant, habe ihm gar manches durchgehen lassen, Treue sei ja noch nie seine große Stärke gewesen. Und jetzt, im Alter, habe er auch noch ihre pflegerischen Kompetenzen entdeckt. «Kann ich gut verstehen», sage ich, «die benötigst du nun mehr denn je.» Er nickt mir zu, frei von jeglichem Bedauern. «Schau dir mal diese Idioten an! Nicht zu fassen!», ruft er aufgebracht und deutet auf ein Ruderboot hin, das sich direkt in der Fahrrinne vor unserem Schiff befindet und mit Sirenengeheul vertrieben wird. Und dann folgt ein ziemlich langer Erguss über die vielen Bescheuerten, die sich auch früher auf dem Eis nicht an die Regeln hielten.

Nun aber ist meine Stunde gekommen. Und ich denke: «Du hast dir während der drei Jahre, in denen wir dieselbe Klasse besucht haben, einiges erlaubt. Jetzt, mein Lieber, werde ich dir eine Frage stellen, die dich jäh auf den Boden der nackten Realität herunterzwingen wird, wo du dich nicht mehr so aufgebläht zelebrieren kannst.» Und mit leicht zugekniffenen Augen frage ich ohne Umschweife: «Und – wie steht's mit deinem einstigen legendären Jagdinstinkt?» Und weil er mich etwas fragend anschaut, dopple ich gleich nach: «Also, ich meine die erotische Abteilung, operativ, das heißt vor Ort?» Mit dieser Frage bin ich sicher, ihn in die Knie gezwungen zu haben. Er überlegt nicht lange: «Ach, das wird alles überbewertet», gibt er ziemlich unverdrossen zurück, und weil sich gerade ein hübsches Serviermädchen vor uns aufstellt, um eventuell weitere Wünsche in Empfang zu nehmen, zwinkert er ihr nach bekanntem Muster zu, als ob sie mit ihm einer Meinung sei. Ich bin überrascht, und weil er nicht gleich fortfährt, frage ich weiter: «Ja, wie meinst du das?» – «So, wie ich es gesagt habe.»

Obwohl mich das Thema sehr interessiert – schließlich wird Sexualität im Alter entweder heruntergespielt und bagatellisiert oder trotz Herzschrittmacher und künstlicher Hüftgelenke als völlig unproblematisch dargestellt. Gut, ich gebe es zu, ich würde einfach gerne mal die Wahrheit erfahren über die sexuelle Leistungsfähigkeit bei älteren Herren. Wenigstens will mir keine passende Frage einfallen, die ein einigermaßen ernsthaftes Gespräch ermöglichen würde. So kommt es mir nicht ungelegen, dass sich Helmer zu uns setzt, das heißt, er pflanzt sich auf dem gegenüberliegenden Bänkchen auf und nimmt es für sich in Anspruch, da seine Leiblichkeit noch um einiges umfassender geworden ist. Helmer und Kölle also. Das hätte ich mir nicht träumen lassen, als Seniorin mit diesen beiden schrecklichen Buben im Alter nochmals zusammenzusitzen.

Aus dem Ruder gelaufen

Helmer hatte damals so gut wie keine Freunde. Der Einzige, der sich gelegentlich mit ihm ernsthaft beschäftigte, war Kölle. Sie spannten dann zusammen, wenn sie irgendetwas Spezielles ausheckten, wie damals, als eine Schulreise mit dem Glacier-Express geplant war. Sie fanden es doof und langweilig, einen geschlagenen Tag durch verschneites Gebiet zu fahren und «blöd aus dem Fenster zu gaffen». Deshalb machten sie den Vorschlag, das Geld für die teuren Bahntickets – die ohnehin von den Eltern bezahlt werden mussten – lieber einzusammeln und dann zwei abenteuerliche Reisetage, teils zu Fuß, teils auf mehreren Flößen, den Rhein hinunterzuschippern. Sie übernahmen auch gleich die Organisation, die Flöße mussten von rüstigen und engagierten Vätern – meiner war selbstverständlich nicht dabei – an zwei Wochenenden zusammengezimmert werden. In einer alten Mühle hatte Helmer die Übernachtung organisiert. Kurz vor den langen Sommerferien war es dann so weit. Aufgeregt versammelten wir uns in der kleinen Bucht am Untersee, die sich wegen ihrer flachen Beschaffenheit besonders gut für die Unterbringung der Flöße eignete, die auf dem Trockenen zwischen Gebüsch und kleinen Bäumchen festgezurrt waren. Ich glaube, es war das erste Mal, dass ich nicht unter der Trennung von meiner Mutter litt. Im Gegenteil, das ganze Unternehmen war derart interessant, dass mir keine Zeit für Heimweh blieb. Die Nacht war ziemlich unruhig, die damals elfjährigen Buben sorgten dafür, dass wir Mädchen uns je zu zweit in einen Schlafsack zwängten, um uns gegenseitig vor allfälligen Schubs- und Kneifangriffen zu schützen. Ich ging zunächst davon aus, dass die Reise nicht klappen würde, und war dann ziemlich überrascht, nicht nur, dass alles problemlos ablief, sondern wie viel Spaß wir hatten. Von diesem Tag an sah ich die beiden mit etwas anderen Augen an und attestierte ihnen immerhin ein gewisses organisatorisches Talent sowie zielgerichtetes Durchsetzungsvermögen. Aber das war auch schon alles.

Helmer (der eigentlich Helmuth heißt) war ein spezieller Junge. Er kam aus Hamburg und stieß erst in der vierten Klasse zu uns. Sein Vater verbrachte die meiste Zeit in Deutschland und kam nur übers Wochenende. Die übrige Zeit lebte er mit seiner Mutter, über die er aber stets sprach, indem er sie mit ihrem Vornamen «Hannelore» nannte. Geld schien keine Rolle zu spielen, da im Überfluss vorhanden, so jedenfalls gab es Helmer zu verstehen. Obwohl er bereits einige Jahre in der Schweiz ansässig war, weigerte er sich standhaft, sich diesen Dialekt anzueignen. Mehr noch, er verschmähte ihn. Er spöttelte immer schamlos, wenn im Deutschunterricht Texte gelesen werden mussten, hielt sich die Ohren zu oder rief lauthals: «Wie schrecklich! Das ist ja kein Deutsch!!!» Das kam gar nicht gut an. Sein Verhalten bescherte ihm keine Freunde, was ihn aber keineswegs störte. Während wir in den Wintermonaten in der Pause genüsslich unsere überbackenen Äpfel aßen, die wir vor Schulbeginn in der gegenüber gelegenen Bäckerei vorbeigebracht hatten, saß er meistens alleine, nestelte in einer Papiertüte und knabberte an undefinierbaren Teilchen herum. Während wir rätselten, um welche Süßigkeiten es sich dabei wohl handeln könnte, machte er blöde Witze über uns. Er gehörte nicht dazu. Und wollte auch nicht dazugehören – nur wenn er als geschliffener Sprecher eine Kritik am Schulsystem oder auch an den unbequemen Schulbänken vortrug, sprach er grundsätzlich für alle. Irgendwann war aber sein Störpotential derart auffallend geworden, dass der Lehrer seinen Vater zu einem Gespräch einlud. Unverzüglich und nicht ohne Stolz teilte Helmer der ganzen Klasse mit, dass «der Schweri bei seinem Vater antraben muss».

Wir waren alle gespannt darauf. Obwohl das Gespräch im Zimmer nebenan stattfand, während wir uns mit einem Aufsatzthema herumzuschlagen hatten, war zu vernehmen, dass es ziemlich laut herging. Wir verstanden zwar nicht jedes Wort – besonders die des Lehrers nicht, der alles andere als auf Konfrontation aus war –, aber wir hörten deutlich, dass der Vater mit aufgebrachter Stimme rief: «Wenn Ihnen mein Sohn nicht passt, dann passt mir Ihre Schule nicht!!!» Dann knallte die Tür, und allen war klar, dass Helmers Vater dafür verantwortlich war. Wir hockten etwas verängstigt in unseren Bänken, lediglich Helmer saß auf seinem breiten Arsch und begann lauthals zu lachen. Als der Lehrer wieder hereinkam, fragte er ihn nur: «Und? Alles in Ordnung?» Der Lehrer reagierte nicht auf diese Provokation, sondern sammelte die Aufsätze ein. Helmers Blatt war leer. Später wurde er in einer Privatschule untergebracht.

Und nun saß er da. Noch immer aufgeblasen. Noch immer kein Bemühen, Schweizerdeutsch zu sprechen. Er habe riesige Geschäftsumsätze in seinem eigenen Unternehmen geschoben, erzählt er. Um welches Unternehmen es sich handelte, wollte er nicht ausführen, da ich das ohnehin nicht verstehen würde. Er habe mit fünfunddreißig eine recht wohlhabende Schweizerin geheiratet, habe inzwischen längst diesen schrecklichen Bauernpass erhalten, aber die deutsche Staatsbürgerschaft habe er selbstverständlich behalten – das sei doch klar. Ob er Kinder habe, wollte ich wissen? «Um Gottes willen: keine!» Nein, mit ihm wurde ich auch jetzt nicht warm. Ebenso wollte sich bei mir kein Mitgefühl einstellen, als er noch nebenbei erwähnte, dass es um seine Gesundheit nicht zum Besten stehe, er habe nämlich Diabetes Typ II. Dabei griff er in die Tasche, wo er ein in Serviettenpapier eingewickeltes zerquetschtes Apérohäppchen hervorholte, das er kurz vorher in weiser Voraussicht eingepackt hatte. Irgendwie ist es ihm gelungen, sich mit seiner sperrigen Art durchs Leben zu pflügen, weit davon entfernt, sich über sich selbst Gedanken zu machen. Und während ich mich mit Helmer bruchstückhaft durch ein ziemlich uninteressantes Gespräch hangle, schleicht Kölle lautlos mit seinem «Rolli» davon. Inzwischen nimmt das Schiff bereits Kurs auf den Konstanzer Hafen. Helmer plustert sich auf und beginnt mir die Geschichte vom Konzil in Konstanz samt der 800 Huren, die sich seinerzeit im Ort getummelt haben sollen, in epischer Breite zu erzählen. Ich denke, wie interessant, da kommt dieser aufgeblasene Hamburger Junge und meint, er müsse diese Geschichte vor mir ausbreiten, ausgerechnet vor mir, die ich gewissermaßen direkt am See mit Blickkontakt auf Konstanz aufgewachsen bin. Sein Verhalten hat sich nicht verändert und entspricht dem Klischee über die Deutschen: «Wir sind Papst.»

Ich stehe auf und wechsle meinen Platz. Von Helmer wird das kaum zur Kenntnis genommen, da sich bereits eine andere alte Frau, bei der es mir besonders schwerfällt, davon auszugehen, dass wir derselben Altersklasse angehören, und die ich beim besten Willen nicht zu erkennen vermag, zu ihm setzt, und er beginnt nochmals von vorne über die Geschichte des Konstanzer Konzils zu dozieren.

Durchgefallen und doch angekommen

Wie kaum anders zu erwarten, sind auch an einem Werktag viele Menschen mit dem Schiff unterwegs zur Mainau, die als nächstes Ziel angefahren wird. Verständlicherweise handelt es sich vorwiegend um Senioren, die frei von beruflichen Zwängen über ihre Zeit verfügen können und sich nicht ausgerechnet ein Wochenende für einen Besuch aussuchen müssen, an denen wohl noch mehr los ist. Jedenfalls herrscht am Landesteg ein heftiges Gedränge, und es steigen noch zahlreiche Fahrgäste zu. So ist es besser, nicht mehr herumzustreunen, sondern seinen Sitzplatz zu bewahren. Noch bevor alle Personen zugestiegen sind, entdecke ich Leandro, den ich sofort erkenne und der es sich im Heck des Schiffes gemütlich gemacht hat. Ich setze mich rasch zu ihm, er begrüßt mich freudig. Er war ein sehr ruhiger Junge, meist mit einem leisen Lächeln um den Mund, man wusste nie genau, ob es ihm einfach gut ging oder ob er einen belächelte. Er saß in der hintersten Bank. Wurde er vom Lehrer aufgerufen, wusste er meist keine Antwort und hatte wohl auch die Frage nicht richtig verstanden, was ihm zwar etwas peinlich war, aber nicht dazu führte, zukünftig aufmerksamer zu sein. Wir Mädchen unterhielten uns gelegentlich darüber, wie schade es sei, dass Leandro so wenig Interesse am Klassengeschehen zeigte. Denn allen war klar: Er war einer der attraktiveren Jungs. Nicht nur was seine körperliche Größe betraf – er überragte seine Mitschüler um beinahe einen Kopf –, sondern weil sein ausgesprochen feines, wie mit zarten Federstrichen gezeichnetes Gesicht, von dunklen Locken umrahmt, eine in sich ruhende Zufriedenheit ausstrahlte. Ein Junge wie aus dem Bilderbuch, zudem rempelte er uns nicht an, machte keine blöden Witze über Mädchen und war uns gegenüber stets von zurückhaltender Höflichkeit. Seine Noten waren durchweg schlecht, er überbot sogar noch um eineinhalb Noten meinen Tiefpunkt in Französisch. Wir beide waren mit Abstand die Schlechtesten – und genau das ist unser Thema, als wir uns nun wieder begegnen: unsere Französischnoten.

Im Rückblick ist uns klar, dass es nicht an uns gelegen haben kann, schließlich haben wir uns beide nach der Sekundarschule diese Sprache nicht nur im Nu angeeignet, sondern bewegen uns trittsicher und mühelos in französischen Diskussionen. Wir einigen uns darauf, dass der Lehrer pädagogisch eine ausgesprochene Niete gewesen sein muss. Zudem nuschelte er in sich hinein, wurstelte die französischen Vokabeln wie zu einem ungenießbaren Brei zusammen, so dass wir gar nicht verstanden, was er sagte. Bei diesem Gespräch gesellen sich noch andere Leidensgenossen zu uns und erzählen ihre Version der Geschichte – das Schiff zirkelt gerade in einem gekonnten Manöver vom Anleger weg. «Ich habe diese Sprache nur mit Nachhilfe geschafft», meint die mir völlig fremde Frau, die nach wie vor bei Helmer sitzt, seinen Ausführungen aber nur noch mit einem Ohr folgt. Wir stellen fest, dass bei vielen die Eltern nachhelfen mussten. Da wird mir erst klar, wie chancenlos meine Situation gewesen ist: «Nachhilfe», in welcher Form auch immer, dieses Wort gab es in meinem Vokabular nicht. Aufgrund der schlechten Noten wurde eine Gruppe von mindestens fünf Schülern, inklusive Leandro und mir, nicht zum Lateinunterricht zugelassen. Er war froh darüber. Ich bedauerte es zwar, wusste aber, irgendwann hole ich das alles nach. Und so war es dann auch. Als mich meine Mutter für ein Jahr in die französische Schweiz verfrachtete, lernte ich diese Sprache gewissermaßen im Schlaf, irgendwann träumte ich auf Französisch, und erst als ich wieder nach Hause musste, erinnerte ich mich daran, dass ich auch noch Deutsch konnte.

Leandro schlug einen anderen Weg ein. Er verließ die Schule ohne Abschluss und galt deshalb als typischer Versager. Zufällig entdeckte ich viele Jahre später seinen Namen in einer Zeitung, in der eine Vernissage mit seinen Bildern angekündigt wurde. Wer hätte das gedacht. Zwar wollte ich nicht zu der Veranstaltung gehen, aber mich interessierte sein Werdegang. Dann erfuhr ich von seinen Erfolgen als Maler, seinem langjährigen Aufenthalt in Paris. Während der Schulzeit standen seine Aktien eher schlecht – und doch war es kaum vorstellbar, dass er mit seinem umgänglichen und stets zuvorkommenden Wesen, das unsichtbare Ressourcen erahnen ließ, einst zu den Verlierern zählen sollte.

Hans mein Igel

Es ist sicher kein Zufall, dass sich nun auch noch Koni zu uns setzt, wir müssen etwas zusammenrücken. Auch er hatte damals schlechte Zukunftsprognosen. Irgendwie hing ein ungeschriebenes Gesetz über ihm, dass aus ihm nie etwas werden könne. Er war der Kleinste unter den Buben, musste oft nachsitzen, verbrachte die meiste Zeit vor der Tür, schrieb trotzdem passable Noten und schaffte zwar die Prüfung für die Sekundarschule, flog aber noch vor Ende der Probezeit im hohen Bogen aus der Klasse. Sein auffallendstes Markenzeichen: Er balancierte zwischen lammfrommen und rotzfrechen Verhaltensweisen, wobei sein forsches Wesen nicht auf Gerissenheit beruhte, sondern eher auf mangelnde Intelligenz schließen ließ. Er lebte mit seinem Vater allein, über die Mutter war so gut wie nichts bekannt. Er hatte stets einen kecken Spruch auf den Lippen und war ständig in Opposition zu den Lehrkräften. Sein Banknachbar, Flori, Sohn eines Deutsch- und Lateinlehrers, ein schüchternes, aber sehr nettes und hilfsbereites Bübchen, das sich weder wie ein Junge noch wie ein Mädchen verhielt, irgendwie etwas dazwischen, hatte es sich zur Aufgabe gemacht, Koni den versäumten Schulstoff beizubringen. Gelegentlich schrieb er für ihn auch Arbeiten. Kaum anzunehmen, dass das unbemerkt blieb; ich habe einmal ein Gespräch zwischen Lehrern mitbekommen, da meinte der eine zum andern, bei Koni sei eh Hopfen und Malz verloren. Er selbst sah sich in keiner Weise als Verlierer. Im Gegenteil, er war ständig in irgendwelche Aktionen involviert.

Sein Vater hatte die Aufgabe, sich sowohl um den Friedhof und den kleinen parkähnlichen Garten des Pfarrhauses als auch um allfällige Reparaturarbeiten zu kümmern, ebenso für ein korrektes kirchliches Bühnenbild mitsamt den dafür benötigten Requisiten und Kostümen zu sorgen, damit die Gottesdienstveranstaltungen störungsfrei ablaufen konnten. Das erforderte bereits im Vorfeld einiges an organisatorischem Kalkül, wenn man bedenkt, dass in der Mitternachts- oder Osternachtsmesse über siebenhundert Kerzen angezündet werden mussten. Irgendwie lag es auf der Hand, dass Koni regelmäßig bei Arbeiten aller Art mit Hand anlegen musste. Jeden Sonntag ministrierte er lammfromm im weitschwingenden zinnoberroten Rock, darüber schlenkerte ein schneeweißer, mit Spitzen verzierter Bolero, der eigentlich viel zu schön für diesen Bengel war. Koni aber ließ keine Möglichkeit ungenutzt, spielerische Elemente einzubauen, irgendwie einen verborgenen Schabernack zu inszenieren, sei es, dass er hinter dem Rücken des Pfarrers dem Weihrauchkessel derart viel Schwung zukommen ließ, dass es dem armen, etwas eingeräucherten Mann die Sicht zu nehmen drohte und er hüstelnd und tastend seinen Weg suchte, sei es, dass er beim Einsammeln der Kollekte immer wieder freudig in den Beutel griff, eine Banknote hervorzog und diese wie in einem Werbefilm zeigte, um das betende Publikum zu großzügigeren Spenden anzufeuern, statt sich lediglich von ein paar mickrigen Groschen zu trennen. Sein Benehmen bot uns Kindern eine nette Abwechslung, bei den Erwachsenen zog es dagegen empörte Blicke auf sich oder führte gar zu einer Beschwerde beim Pfarrer. Später, als wir etwas älter wurden, war er für uns Mädchen ein besonderes Ärgernis. Ausgerechnet als wir uns selbst mit dem Beginn der Menstruation herumzuschlagen hatten – keine von uns war aufgeklärt, und so interpretierten wir diese blutige Überraschung eher als unheimlichen Vorboten für eine schlimme Krankheit, die uns demnächst heimsuchen würde, und versuchten, uns gegenseitig zu beruhigen oder wenigstens rudimentär aufzuklären –, witterte er den Braten. Jeden Montag verkündete er mit hinterhältigem Lächeln, er habe am Sonntag menstruiert, und während wir vor Scham beinahe unter die Bank sanken und uns gedemütigt fühlten, erfreute er sich mit anderen Buben über diese in ihren Augen geniale Äußerung. Wir fanden das nicht sehr komisch, und für diese Geschmacklosigkeit stand er an oberster Stelle auf unserer Hassliste.

Den Vogel schoss er mit einer anderen Geschichte ab. Mit seinem Fahrrad, an dessen Speichen Kartonfetzen klemmten, damit es sich beim Fahren wie Motorengeräusch anhörte, donnerte er die steile Straße hinab und nahm derart Geschwindigkeit auf, dass es ihm nicht rechtzeitig gelang, die Kurve zu kriegen. So landete er im Vorgarten des Pfarrhauses und verwüstete die von der Haushälterin mit viel Inbrunst angelegten Blumen- und Gemüsebeete. Die Frau war außer sich und stand kurz vor einem Nervenzusammenbruch. Sofort holte sie den Pfarrer herbei, der eigentlich eher von nachsichtigem Gemüt war, und stachelte ihn so lange gegen Koni auf, bis er diesem zur Rechenschaft ziehen wollte. Da aber war dieser bereits verschwunden, kletterte affenschnell auf den Kirchturm und rief dem ziemlich verdutzten Mann zu, falls er mit ihm reden wolle, solle er zu ihm heraufkommen. Uns blieb über so viel

Unverfrorenheit der Mund offen stehen. Am darauffolgenden Samstag kniete Koni im Beichtstuhl und holte sich die Absolution. Seine zum Teil außergewöhnlichen Aktionen brachten ihm stets unangenehme Strafen ein, beispielsweise häufiges Nachsitzen oder den Schulhof im Herbst von Laub frei zu machen, im Sommer dort Papierschnipsel einzusammeln und im Winter Schnee zu schippen. Für die Mädchen war er der Prototyp eines verabscheuungswürdigen Flegels. Wir waren davon überzeugt, dass er nie eine Freundin finden und es mit ihm ein schlimmes Ende nehmen würde.

Bei mir hielten sich Ablehnung und Bewunderung die Waage, denn irgendwie machte es auf mich, wenn auch nur heimlich Eindruck, dass sich da einer traut, offensichtlich neben der Spur zu laufen. Und was sein doppelbödiges Wesen betraf, sich einerseits an keine gesellschaftsverträglichen Regeln zu halten und andererseits als gläubiger Ministrant zu dienen, beobachtete ich ähnliche Verhaltensweisen bei meinem Vater. Tiefgläubig, Gott ergeben, jeden Sonntag schritt er zur Kirche – übrigens mit mir an seiner Seite – und war gleichzeitig in ständiger Opposition zur göttlichen Instanz. Er hielt täglich Zwiesprache mit seinem Gott, führte heftige Diskussionen nach oben, wetterte, fluchte, klagte an, vor allem was die politischen Verhältnisse in Deutschland betraf. Für mich aber war dieser Umgang wegweisend. Ich war zwar ein katholisches Kind, durchlief das gesamte kirchliche Programm, spätestens aber in der Pubertät setzte sich die Erfahrung, die ich mit meinem Vater gemacht hatte, durch. Ich wollte einen direkten Zugang zu Gott, Priester als Vermittler kamen da nicht mehr in Frage.

Als Koni nun so aufgeräumt und manierlich vor mir sitzt, will ich doch die Gelegenheit nutzen, mehr über ihn zu erfahren. Sein einstmalig forsches Auftreten hat sich in freundliche und höfliche Umgangsformen verwandelt. Zuerst sorgt er dafür, dass ich meinen bestellten Latte macchiato serviert bekomme, und schlägt vor, uns im Heck einen besser windgeschützten Platz zu suchen. Er wirkt um einiges jünger als die anderen, fragt ganz gentlemanlike, ob er mir irgendwie behilflich sein könne, was ich beinahe amüsiert zur Kenntnis nehme, aber selbstverständlich ablehne, da keinerlei Bedarf besteht. «Du hast dich aber ziemlich gemausert!», stelle ich fest. «Ja», meint er mit leicht nachdenklicher Miene, «gemausert ist das richtige Wort.» Das kommt wie aus der Pistole geschossen und weckt sofort meine Neugierde. «Ich musste ein paar harte Schicksalsschläge einstecken – eigentlich beinahe der männliche Klassiker: Scheidung, Kinder nicht mehr sehen können und dabei gelitten wie ein Hund. Da sind mir beinahe sämtliche Federn förmlich bei lebendigem Leib gerupft worden, bis auf ein paar wenige Schwanzfedern, die noch haften geblieben sind.» Ich bin ziemlich verunsichert und weiß nicht, ob es sinnvoll ist, darauf einzugehen. Deshalb sage ich nichts und warte, ob er einfach weiterspricht. Und es dauert nicht lange, und er fasst seine Lebensgeschichte in kurzen Sätzen zusammen. Er habe eine schwere Kindheit zu überstehen gehabt. Die Mutter habe den Vater verlassen und ihn als Eineinhalbjährigen zurückgelassen. Der Vater habe keine andere Wahl gehabt, als sich um das Kind zu kümmern, irgendwie habe er es auch hingekriegt, wohl etwas mehr schlecht als recht. Tagsüber sei er meist bei der Großmutter untergebracht gewesen, die ihrerseits wenig

Freude daran hatte, sich noch um ein kleines Kind kümmern zu müssen. Die Mutter habe ihm gefehlt, und er habe oft ganze Nächte geweint und nach ihr gerufen. Damit sei der Vater völlig überfordert gewesen, bis er ihm schließlich verboten habe, von der Mutter zu sprechen, überhaupt durfte er das Wort «Mutter» nicht mehr aussprechen. Und auch der Pfarrer habe ihm immer wieder ins Gewissen geredet, den Vater nicht noch zusätzlich zu belasten. Man habe ihm als Kind zu verstehen gegeben, dass aus ihm nie etwas werden könne. Auch wenn der Vater das nicht ausgesprochen habe, so habe diese miese Zukunftsvision stets in der Luft gelegen. Nachdem er die Schule ohne Abschluss verlassen habe, sei es dann ziemlich heftig geworden, die Zeichen hätten direkt ins Nichts gedeutet. Als dann noch Drogenkonsum und Alkohol dazukamen, sei eigentlich seine Versagerkarriere besiegelt gewesen. Bereits als Jugendlicher sei er in einer Ausnüchterungszelle gelandet und habe dort eine Nacht verbringen müssen. Am Morgen sei Gottfried Huber, ein älterer Polizist, der in seiner Nachbarschaft lebte und ihn gut kannte, zu ihm gekommen, habe sich neben ihn auf die Pritsche gesetzt und ihm einerseits die Leviten gelesen, andererseits aber einen Satz gesagt, der bei ihm wie eine Bombe eingeschlagen habe: «Koni, alles ist in dir vorhanden, und so wie du bist, ist es gut.» Das hatte noch nie jemand zu ihm gesagt. Zudem habe Herr Huber ihm angeboten, wenn er Hilfe benötige, solle er sich an ihn wenden. Dann folgte eine Lehre als Automechaniker, gut, zwar mit Ach und Krach, stets aber mit «dem Gottfried» im Rücken, dann absolvierte er die Handelsschule, ebenfalls mit Hängen und Würgen, und schließlich arbeitete er sich, flankiert von etlichen Weiterbildungskursen, Stufe um Stufe in einer Autofirma hinauf bis zur Manageretage. Seine Frau Britta habe er im Friseursalon kennengelernt, wo sie ihm regelmäßig die Haare geschnitten habe. Die Ehe ging nicht gut, auch sie habe ein ziemliches Päckchen zu tragen gehabt. Dass es mit der Beziehung nicht geklappt habe, könne er im Nachhinein verstehen, da er ständig damit beschäftigt gewesen sei, die einst erlittenen Kränkungen und Verletzungen nicht spüren zu müssen. Auf dieser Grundlage sei an eine richtige Beziehung, die auch in die Tiefe gehe, nicht zu denken gewesen.

Nach der Scheidung habe es ihn in eine Männergruppe verschlagen, wo er auch anhand der Geschichten von anderen allmählich sein eigenes Leben reflektieren und verstehen könne. Als er dann über das Märchen «Hans mein Igel» gestolpert sei, vor allem mit den Ausführungen von Matthias Jung,* sei der Groschen gefallen, und er habe zum ersten Mal begriffen, was mit ihm geschehen sei. Er habe sich plötzlich als ungeliebtes und vernachlässigtes Kind gesehen und verstehen können, weshalb er in die Rolle des Aufmüpfigen geschlüpft sei. Schließlich sei das die einzige Möglichkeit gewesen, mit den seelischen Verletzungen einigermaßen umzugehen, diese zu verdrängen und zu überdecken. Denn er habe ja doch irgendwie überleben müssen! Das alles aber sei ein langer Weg gewesen,

* Mathias Jung: *Seelenwunden. Die Heilung des verletzten Kindes:* Das Märchen «Hans mein Igel» enthüllt das Trauma einer lieblosen Kindheit. Das Kind igelt sich gegen die schmerzhafte Vater- und Mutterwunde ein. Wie wird es sich, erwachsen geworden, von seinem Seelenpanzer befreien? Mathias Jung schildert den fesselnden Weg der Heilung – für Männer und Frauen gleichermaßen.

und er sei nun einfach zufrieden, wenn er auch noch nicht alles verstanden habe.

Ich bin sehr berührt von Konis Geschichte und bedanke mich bei ihm für seine Offenheit. Dann schweigen wir miteinander und blicken über die Weite des Sees, der vor uns wie eine in sich ruhende Seele liegt. Ich hänge meinen Gedanken nach und versuche, zu ordnen und zu verstehen.

Ich kann mich noch gut daran erinnern, wie mich Konis Verhalten in einen Konflikt brachte. Einerseits war mir sein Benehmen fremd, und ich verabscheute es geradezu. Gleichzeitig aber hat es mir auch eine ziemlich gequälte Anerkennung abgerungen. Kinder, die für sich den Freipass gebucht zu haben scheinen, das zu machen, was ihnen gefällt, bringen einiges durcheinander. Denn sie wagen einfach, gegen den Strom zu schwimmen, verwirklichen ungebremst ihre Ideen und folgen ihren eigenen im Moment empfundenen Impulsen. Selbst wenn sie dadurch den Klassenbetrieb erheblich stören, scheint sie das nicht zu interessieren, selbst unangenehme Konsequenzen können sie nicht bremsen. Bei den Mitschülern und Mitschülerinnen führt das im besten Fall zu einer leichten Irritation. Für einige können unangepasste Schüler geradezu Vorbildfunktion übernehmen und Wünsche freilegen – ebenfalls aus dem Vollen schöpfen zu wollen, ohne Rücksicht auf andere die eigenen Impulse ungehindert durchzusetzen. Andere hingegen fühlen sich von unkontrollierten und sich außerhalb der Normen bewegenden Verhaltensweisen abgestoßen, was zur Folge hat, dass sich keine Freundschaften bilden können. Ausgrenzung ist alles andere als angenehm. Zugehörigkeit ist nicht nur in der Jugendzeit ein zentrales Bedürfnis, sondern auch in späteren Lebensphasen. Und seit Untersuchungen aus der Hirnforschung belegen, dass bei Ausgrenzung dieselben Hirnareale aktiviert werden, als würde die oder der Betreffende geschlagen werden, ist klar, dass ausgeschlossen zu werden, nicht zu einer Gruppe zu gehören, Schmerzen verursacht.

NICHTS MENSCHLICHES IST MIR FREMD

Pädagogisches Einmaleins

Als wir den Hafen von Konstanz verlassen, kann ich nochmals mein früheres Elternhaus mit dem romantischen Namen «Sommerau» aus der Ferne erkennen. Die stattliche Tanne, die neben dem Haus wie ein Wachturm steht, ist dichter und so groß geworden, dass sie von weitem zu erkennen ist und einen beinahe gutbürgerlichen Eindruck vermittelt.

Oft bedarf es nur eines flink vorbeieilenden Bildes, um einen ganzen Film abzurufen und Episoden aus der damaligen Zeit lebendig werden zu lassen! Damals wusste ich bereits darüber Bescheid, dass sich hinter wohlgefälligen Mauern einiges abspielen kann, was nicht unbedingt zur Hausfassade passen will. Wir zogen in dieses Haus, als ich in der zweiten Klasse war – unfreiwillig, denn mein Vater hatte sich in seiner etwas überhitzten Art mit dem letzten Hausmeister überworfen, und wir flogen im hohen Bogen einfach aus der Wohnung. Der Umzug war abenteuerlich. Als wir mit unserem Hausrat bepackt am neuen Domizil ankamen, wohnten die alten Bewohner noch friedlich darin, die ihrerseits keine Ahnung davon hatten, dass sie umzuziehen hatten. Es waren andere Zeiten. Von Mieterschutz oder dergleichen war nicht die Rede, Mietverträge existierten in dieser sozialen Kategorie ebenfalls nicht, man redete einfach miteinander, verhandelte und rechnete damit, dass es schon klappen würde. Ging etwas daneben, versuchte man, sich, so gut es ging, zu arrangieren. Für das Einlegen von Rechtsmitteln fehlte einerseits das Wissen, anderseits auch das Geld. Deshalb nahmen wir die ungeklärte Situation hin wie einen jähen Wetterumschwung, wenn es mitten im Sommer Eiskügelchen hagelt, und quartierten uns in zwei winzigen Kellerzimmern ohne Küche und mit externer Toilette ein, wo wir die nächsten Tage hausten, bis die alten Mieter, die fest davon überzeugt waren, keine Kündigung erhalten zu haben, ihrerseits ihr Hab und Gut auf einen Wagen packten, um irgendwo anders Unterschlupf zu finden. Trotz allem erlebte ich genau diese Zeit als besonders angenehm, und mir wäre es recht gewesen, wenn wir noch länger in dieser improvisierten Unterkunft hätten verweilen können. Denn ich hatte zum ersten Mal das Gefühl, zu einer Familie dazuzugehören, mit richtigen Eltern, die ausnahmsweise miteinander sprechen mussten, um die doch eher ungewohnte Herausforderung zu meistern. Und wenn ich nachts in einer etwas engen, improvisierten Schlafstelle mein Nachtgebet flüsterte, sandte ich einen speziellen Dank für diese für mich beinahe traumhafte Wohnsituation. Irgendwann aber war es dann wieder aus und vorbei. Ich bedauerte den Umzug in die geräumige Vierzimmerwohnung, wo sich die Eiszeit zwischen meinen Eltern wieder herstellte.

Auch mein Schulweg veränderte sich, er war um ein Mehrfaches länger. Meine Mutter hatte nach einem Gespräch mit dem Lehrer beschlossen, von einem Schulwechsel in eine näher gelegene Schule abzusehen, sondern mich im Kreis meiner Schulfreundinnen zu belassen. Es standen mir zwei unterschiedliche Schulwege zur Verfügung. Der eine so gut wie menschenleer, dafür aber spannend und beinahe etwas abenteuerlich. Zum Auftakt führte die Straße über einen Bahnübergang, der zum Rangiergelände der deutschen Eisenbahn gehörte, weshalb die Barriere meist geschlossen war. Dann war eine vom Ruß dunkel geschwärzte Holzbrücke zu überqueren, von der man nicht genau wusste, ob nicht einzelne morsche Dielen plötzlich einknicken konnten. Hatte ich dieses Hindernis überwunden, war ich froh und erleichtert. Auf dem Weg, der ein Stück weit direkt am See vorbeiführte, mussten bei Hochwasser die überschwemmten Stellen hüpfend überwunden werden. Bevor der Pfad dann in den Park der Seeburg einmündete, drehte er in einer scharfen Rechtskurve Richtung Zentrum wieder in zivilisiertere Regionen. Diese Möglichkeit benutzte ich oft, nicht nur dann, wenn ich mit meinen Gedanken allein sein wollte, sondern weil er um einige Minuten kürzer war. Der andere Weg führte mitten durch die Stadt, und als ich mit der besonderen Aufgabe betraut worden war, jeden Tag Chrigi, ein geistig behindertes Mädchen, bei ihr zu Hause abzuholen und sie auf dem Schulweg zu begleiten, fiel der Seeweg für einige Zeit aus.

Chrigi war ein spezielles Mädchen. Neben ihrer geistigen Behinderung litt sie unter epileptischen Anfällen. Obwohl der Versuch, sie in eine normale Klasse zu integrieren, ganz gut funktionierte – sie war zwei Klassen unter mir –, wurde er nach einigen Monaten wieder abgebrochen, was ich sehr bedauerte. Ich mochte sie sehr, ihre zutrauliche und liebenswürdige Art machte auf mich großen Eindruck. Zudem trug sie stets einen von mir sehr bewunderten dunkelblauen Faltenrock mit einer schneeweißen Bluse, die sie wohl in mehreren Ausführungen besaß, denn sie war stets lupenrein. Besonders aber faszinierte mich, dass ich im Umgang mit ihr ein neues und für mich bislang völlig unbekanntes Feld entdeckte. Unser Schulweg dauerte 30 bis 35 Minuten. Stets gab es etwas, worüber wir uns unterhielten oder das wir ausprobierten, etwa «Wer kann am längsten auf einem Bein hüpfen?», «Wer kann am lautesten schreien?» oder auch Zählspiele wie «Wie viele Fenster sind auf der Rückseite des roten Hauses?» Genau genommen kamen die Impulse von mir, und weil ich sehr daran interessiert war, meine Ideen umzusetzen, musste ich gut überlegen, wie ich es Chrigi verständlich erklären konnte. Für mich war das ein absolutes Schlüsselerlebnis, denn ich lernte, wie entscheidend es ist, ausschließlich Worte zu verwenden, die ihr geläufig waren, damit sie meinen Ausführungen folgen konnte. Ich bemühte mich also, meine Spielerklärungen so aufzubauen, dass sie mühelos in einen logischen Verständigungsablauf eingegliedert werden konnten. Eigentlich ist diese Episode nicht besonders aufregend, und wenn ich sie trotzdem erwähne, dann deshalb, weil mich diese Erfahrung in meiner späteren Lehrtätigkeit und auch als Vortragende stark prägte. Ich halte grundsätzlich keine Vorträge, ohne mich vorher bei den Veranstaltern genau über die zu erwartende Zielgruppe zu erkundigen. Nicht immer können meine Fragen schlüssig und umfassend beantwortet werden, aber oft erhalte ich wichtige Hinweise. Kürzlich erzählte eine von mir sehr geschätzte Freundin, sie sei mit ihrem Referat zum spannenden Thema «Wie Frauen nach ihrem Äußeren beurteilt werden» derart «abgeschifft», dass sie überlege, ob sie diese Tätigkeit zukünftig nicht ganz an den Nagel hängen solle. Sie war sehr verzweifelt, wollte aber unbedingt herausfinden, was sie falsch gemacht habe, woran es denn gelegen haben könnte. «Wie hast du denn angefangen?», wollte ich wissen. «Ja», meinte sie, «ich habe ein sehr persönliches Erlebnis von mir vorgestellt. Das macht sich doch immer gut! Nicht wahr?» – «Ja, schon», gab ich etwas zögerlich zurück, «es kommt natürlich auf das Beispiel an. Was hast du denn ausgeführt?» – «Also», sagte sie, noch immer von der Richtigkeit des Beispiels überzeugt: «Stellen Sie sich vor, Sie haben eine Doktorarbeit geschrieben, drei Jahre fleißig recherchiert, Tag und Nacht darüber nachgedacht und dann mehrere hundert Seiten geschrieben …» Da unterbrach ich sie und wollte wissen, vor welchem Zielpublikum sie denn gesprochen habe. Sie überlegte kurz und sagte: «Landfrauen, Bäuerinnen, die im eigenen landwirtschaftlichen Betrieb arbeiten.» – «Ja», gab ich zu bedenken, «da gibt es wohl nicht viele, die sich problemlos in dein Beispiel einfühlen konnten. Im Gegenteil, du hast ihnen eigentlich indirekt zu verstehen gegeben, dass sie bildungsmäßig nicht mithalten können. Dann wenden sie sich eben ab und hören dir nicht zu.» Da musste ich wieder an die Zeit mit Chrigi denken: Sie war mir eine gute Lehrerin.

Ich habe es sehr bedauert, als sie in eine Sonderschule für Behinderte umgesiedelt wurde. Ich war nicht nur der Meinung, sie sei gut bei uns aufgehoben, sondern auch von der gelassenen, aber sicheren und liebevollen Art des Lehrers beeindruckt, wenn Chrigi einen Anfall zu überstehen hatte, er fachkundig zu intervenieren wusste und sich hinterher behutsam um sie kümmerte, bis sie von ihrer Mutter abgeholt wurde.

Aber auch Jahre später dachte ich oft an dieses Mädchen, überlegte bei schwierigen Themen, wie ich das nun Chrigi erklären würde. Schade, dass ich sie aus den Augen verloren hatte. Als ich an unserem Klassentreffen ihrem Bruder Martin begegne, der zwei Jahr älter ist als sie, bin ich darüber sehr erfreut und möchte als Erstes von ihm wissen, wie es Chrigi geht – ob sie überhaupt noch lebt. Dabei erfuhr ich nach Jahrzehnten, welche dramatische Geschichte für Chrigis Behinderung verantwortlich war. Denn sie war zunächst ein kerngesundes Kind. Als aber der ältere Bruder geimpft wurde, meinte der Arzt, man könne doch die Kleine ebenfalls gleichzeitig impfen. Und dann geschah es: In der Folge erkrankte sie schwer. Zurück blieben eine geistige Beeinträchtigung sowie epileptische Anfälle. Martin erzählt mir, dass Chrigi bis zum Tod ihrer Mutter vor wenigen Jahren bei ihr gewohnt habe und von ihr betreut worden sei; sie habe eigentlich ein ganz gutes Leben gehabt. Nachdem die Mutter gestorben war, kam sie in ein Heim, da war sie bereits über siebzig. Und kürzlich sei sie gestorben. Ich denke an die vielen Eltern mit behinderten Kindern, die kaum vorstellbare Leistung an Betreuungsarbeit und Fürsorge, die sie ihr Leben lang leisten. Und vor allem dass sie niemals aus dieser Pflicht entlassen werden, es sei denn, der Tod beendet diese besonders herausfordernde Aufgabe. Doch bevor ich noch ins Grübeln gerate, erblicke ich Heinz.

Spielplatz Irrenhaus

Ich erkenne ihn sofort, seine Gesichtszüge sind zwar gealtert, aber dennoch unverändert. Und es dauert nicht lange, und wir sind mitten in unseren Erinnerungen gelandet: «Weißt du noch, damals, als wir …?»

Heinz war ein besonderer Junge, verträumt, aber mit größtem Interesse für alles, was sich auf dem langen Schulweg um ihn herum abspielte. Er wurde jeden Tag von seinem Hund «Tulli», einem imposanten braunroten Chow-Chow, begleitet und fühlte sich mit seinem Begleiter in bester Gesellschaft. Sie schlenderten gemächlich die elend lange Hauptstraße entlang bis zu unserem Schulhaus, da gab es vieles zu bestaunen. Bei ungewohnten Dingen, wie zum Beispiel Baustellen mit interessanten Geräten und Maschinen, hielten sie forschend inne. Und während Heinz ins Staunen geriet, beschnupperte der Hund nicht minder interessiert die Umgebung. Endlich in der Schule angekommen, verabschiedeten sie sich voneinander, allerdings nur für kurze Zeit. Der Hund drehte noch weitere Runden in der Nähe, und um Punkt zwölf Uhr stand er wieder vor der Schule und holte Heinz ab. Dass sich die beiden auch das Nachtlager teilten, lag wohl auf der Hand. Wir alle beneideten Heinz um diesen treuen Freund, und ich hätte viel darum gegeben, auch einen Hund zu haben. Obwohl wir den gleichen Schulweg durch die Stadt hatten – ich wohnte direkt in seiner Nähe –, gingen wir ihn nicht miteinander. Mir war es wichtig, stets zeitig in der Schule anzukommen, ihn aber interessierte so etwas nicht.

Sein Markenzeichen war nicht nur Tulli, der nicht von seiner Seite wich, sondern dass er mit einer beeindruckenden Regelmäßigkeit viel zu spät zur Schule kam. Es gehörte bereits zum normalen Tagesablauf, dass sich irgendwann, als der Unterricht bereits in voller Fahrt war, die Türe wie zufällig, beinahe lautlos öffnete und Heinz ohne die geringste Spur von Peinlichkeit hereinkam und sich mit der größten Selbstverständlichkeit an seinen Platz setzte. Dann packte er völlig ruhig und geräuschlos seine Sachen aus, und irgendwann war er dann soweit, dem Unterricht mehr oder weniger aufmerksam zu folgen. Der Lehrer, ein noch junger und sehr engagierter Pädagoge, hatte sich bereits daran gewöhnt, dass diesem verträumten Jungen weder mit gutem Zureden noch mit ausgeklügelten Bestrafungsmaßnahmen beizukommen war. Deshalb nutzte er die Situation, aus einem eventuell aufkeimenden Ärgernis eine durchaus erfreuliche Aktion zu machen, und komponierte dazu ein klitzekleines Lied. Wenn sich die Türklinke in Bewegung setzte, begann die Klasse, angeführt vom Lehrer, im Kanon zu singen: «*Natürli, natürli, de Heinz chunt wieder spot, will's Ührli, will's Ührli de Hei nöd richtig goot.*» Und dann wurde der Unterricht ohne weitere Unterbrechung fortgesetzt.

Heinz wohnte auf dem mehrere Hektar umfassenden Gelände, das zum Sanatorium Bellevue,* einer exklusiven Nervenheilanstalt, gehörte. Sein Vater war dort Oberpfleger. Das ganze Gelände war ein Paradies – und zwar in jeder Beziehung: nicht

* Das Sanatorium Bellevue war von 1857 bis 1980 eine private psychiatrische Heilanstalt in Kreuzlingen, die über vier Generationen von der Familie Binswanger geleitet wurde und aus der eine Reihe bekannt gewordener Psychiater hervorging.

nur die Natur, die uns mit uralten Bäumen inspirierte und uns zu abenteuerlichen Spielen einlud, sondern auch die Patienten, die durch ihr ungewöhnliches Verhalten oder exotisches Erscheinen einiges zu bieten hatten. Unser Spielplatz befand sich im Park des Irrenhauses, und die Eindrücke, die wir dort sammelten, gehörten zu unserem Alltag. Dort gab es Menschen, die sich einige Schritte tänzelnd vorwärtsbewegten, dann eine oder gar mehrere Pirouetten drehten, um hinterher den Weg fortzusetzen, oder andere, die plötzlich bockstill standen, als ob sie am Boden angeleimt wären. Auch gab es Personen, die sich intensiv und wütend mit jemandem unterhielten, der gar nicht anwesend war. Wir hockten gerade in einem Gebüsch und spielten Verstecken, als wir eine beeindruckende Szene miterlebten. Eine ältere, reichlich mit Schmuck behängte Dame hatte mehrmals den Versuch unternommen, den sie begleitenden Arzt heftig zu umarmen. Da er sie erfolglos abwehrte, hörten wir, wie er ihr sehr bestimmt, aber freundlich erklärte: «Aber Frau Baronin, ich bin doch kein Fleischkäse, auf den sich jede Fliege setzen kann!» Diese Erklärung leuchtete ihr offensichtlich ein, und sie ließ sofort von ihm ab. Ein älterer Herr war davon überzeugt: «Ich bin der König von Australien.» Er wiederholte es immer wieder.

Einmal im Jahr, zu Weihnachten, fand im Sanatorium ein Krippenspiel statt. Die Darsteller rekrutierten sich aus Kindern des Personals oder solchen der nahen Umgebung. Heinz konnte sich mit den Jahren bis zur Rolle einer der drei Könige hocharbeiten, nachdem er zunächst erfolgreich als Engel und dann als Hirte agiert hatte. Ich erhielt immer die gleiche Rolle, die des verkündenden Engels Gabriel, der «Vom Himmel hoch, da komm ich her» zu singen hatte. Meist sangen auch noch die Patienten aus dem international besetzten Publikum mit, oder sie kommentierten während des Spiels unüberhörbar andere Textstellen, standen von ihren Plätzen auf, gingen auf die Bühne und spielten mit. Der Leiter des Sanatoriums, Ludwig Binswanger, saß mitten unter ihnen. Es störte ihn nicht, und uns störte es auch nicht.

Erst viel später erfuhr ich etwas über das Konzept dieses außergewöhnlichen Sanatoriums und die dort praktizierten Behandlungsmethoden psychisch Kranker. Der Schweizer Psychiater Binswanger hatte damals seine Fachdisziplin revolutioniert. Er lehnte es ab, psychisch Kranke nach pathologischen Schemata einzuteilen und zu behandeln. Stattdessen lebte Binswanger in einer therapeutischen Gemeinschaft mit seinen Patienten. Dieses von Empathie geprägte Modell ist heute noch beispielhaft – fünfzig Jahre nach Binswangers Tod 1966. Das konkrete psychische Leiden der Menschen stand im Zentrum seiner theoretischen und praktischen Arbeit. Sein Hauptanliegen war es, die «Einmaligkeit, Einheit und Einzigartigkeit» des seelisch Kranken zu betonen. Binswanger ging von der gesamten Existenz, vom Dasein des Menschen aus. Als mich mein Vater anlässlich einer Weihnachtsfeier begleitete und er kumpelhaft auf Ludwig Binswanger zuging, sich vorstellte und ihm gleich das «Du» anbot, erwiderte Binswanger sein Ansinnen sehr freundlich. Unangemessenes Benehmen war kein Grund zur Beunruhigung, sondern gehörte zu dieser außergewöhnlichen Gesellschaft. Binswanger versuchte, eine vertrauensvolle Gesprächsbasis aufzubauen, die einen Zugang zu seelisch

Kranken ermöglichen sollte. Dazu gehörte auch die Auflösung des hierarchischen Gefälles zwischen Arzt und Patient. Man wollte dem Patienten einen familiären Hintergrund bieten. Die Patienten speisten mit den Arztfamilien, verbrachten ihre Freizeit mit ihnen, gingen gemeinsam mit ihnen ihren Hobbys nach, feierten und sangen. Binswangers Konzept bildete einen Kontrapunkt zu staatlichen Kliniken wie der nahe gelegenen kantonalen Psychiatrischen Klinik. Es ist nicht verwunderlich, dass sich die europäische Elite, die mit sich selbst nicht klarkam und Hilfe bei psychischen Leiden, bei Drogen- und Alkoholsucht oder gar bei Suizidgefährdung suchte, sich in einer derart von Mitmenschlichkeit geprägten Atmosphäre sehr gut aufgehoben fühlte. Vielen hat Binswanger dazu verholfen, wieder in ein normales Leben zurückzufinden. Während der besten Zeiten umfasste die Anlage gut siebzehn Bauten, darunter viele wunderschöne Villen. Dazu gab es einen Tennisplatz, einen Billardraum, eine Kegelbahn, Bäder: Komfort wie im Luxushotel.

Heinz' Vater hatte sich aus ärmsten, katastrophalen Verhältnissen zum Oberpfleger emporgearbeitet. Seine Eltern hatten beide in der Schuhindustrie im deutschen Tuttlingen gearbeitet, der Vater versoff den kargen Lohn. Die Kinder waren den umliegenden Bauern als Verdingkinder zugewiesen worden. Mit sechzehn Jahren kam der Vater von Heinz nach Kreuzlingen zu seiner älteren Schwester, absolvierte eine Lehre als Psychiatriepfleger, lernte autodidaktisch Französisch und Englisch, um sich mit seinen Patienten unterhalten zu können. Er begleitete sie sogar auf Reisen, besegelte die Weltmeere und logierte bei den Superreichen. So entwickelte sich der begabte

Psychiatriepfleger zu einem Lebemenschen, der sich die Attribute seiner Patienten zulegte: Er wurde zum Kettenraucher, war dem Alkohol zugeneigt und stets in Affären mit Pflegerinnen verwickelt. Mit 54 Jahren hatte er einen Herzschlag. Erst nach seinem Tod wurde sein Doppelleben in seiner ganzen Ausprägung bekannt. Die Mutter verstarb zwei Jahre später an den Folgen übermäßigen Tablettenkonsums. Für Heinz, der mit 21 Jahren gerade mitten in der Ausbildung stand, war das ein harter Schlag. Tulli, sein jahrelanger Begleiter, war zu diesem Zeitpunkt schon nicht mehr da.

Weil es uns etwas kalt geworden ist, suchen wir uns einen Platz im Restaurant, um ungestört miteinander zu sprechen. Meine erste Frage gilt Tulli. Aufgrund seiner schulischen Vorgeschichte schaffte Heinz es nicht, in die Sekundarschule aufgenommen zu werden, was sich später als Glücksfall herausstellte. Denn er landete bei einem Lehrer, der es verstand, ihn systematisch in die reale Welt einzuführen und seinen Hang, unkontrolliert in seiner Gedankenwelt herumzuschlendern, nicht als mutwilliges Desinteresse zu bewerten. In seinem Abschlusszeugnis war zu lesen: «Gutes Vorstellungsvermögen, phantasiebegabt. Ist sehr beharrlich im Verfolgen eines einmal eingeschlagenen Weges. Charaktereigenschaft: ausgeprägter Eigenwille, aber keineswegs renitent.» Genau in diesen Worten habe er sich erkennen können, mehr noch, es habe sich gut angefühlt, dass ihm seine Eigenart nicht negativ ausgelegt worden sei. Nach einer abgebrochenen Schlosserlehre folgte eine Lehre als «Werkzeugmacher» – diesmal mit Erfolg. Es war der Startschuss in eine Berufskarriere: Praktikum in Maschinenzeichnen, Handelsschule, Vorkurs für die Aufnahme in die

Ingenieurschule und schließlich Studium mit Abschluss als Maschinenbauingenieur.

Und nun sitzt er vor mir, ein stattlicher, attraktiver alter Mann, die weißen Haare noch dicht, mit hellwachen stahlblauen Augen, und erzählt mir seine Geschichte. Ich folge den Bildern, die in mir aufsteigen, und bin einfach ergriffen von diesem rückblickenden Reichtum. Doch bevor ich mich noch weiter damit beschäftigen kann, setzt sich Jakob neben uns, fragt, ob es denn erlaubt sei, das Gespräch zu stören.

Das Schiff nimmt derweil Kurs auf den Überlingersee und wird in Kürze auf der Insel Mainau haltmachen.

Rettungsanker Mathematik

Jakob war wahrscheinlich der Klügste von allen Buben in der Klasse, besonders im Kopfrechnen unschlagbar. Bevor der Lehrer die Aufgabe zu Ende formuliert hatte, spuckte er bereits das Resultat aus, ohne besonders laut und artikuliert zu sprechen, aber in einer Geschwindigkeit, die sich wie ein unerwartetes Gewitter über eine Gruppe von ahnungslosen Kindern ergoss. Er hatte kaum Freunde, wurde aber als Zehnmalgescheiter stets mit größtem Respekt behandelt und schien mit diesem Status durchaus einverstanden zu sein. Jedenfalls machte er nicht den Eindruck, unter Einsamkeit zu leiden. Schließlich hatte er als Einzelkind durchaus Übung darin, sich mit sich selbst zu beschäftigen. Mir aber tat er sehr leid, denn ich wusste um ein Geheimnis, über das ich weder mit meiner besten Freundin noch mit meiner Mutter zu sprechen wagte.

Es handelte sich um Jakobs Vater. Er war eine angesehene Persönlichkeit in unserer kleinen Stadt, saß im Stadtrat und führte eines der erfolgreichen Unternehmen, das auch Grenzgänger und Grenzgängerinnen aus der deutschen Nachbarschaft beschäftigte. Obwohl die Nachkriegszeit noch von Deutschfeindlichkeit durchdrungen war, lag es auf der Hand, dass wir, bedingt durch die deutsche Verwandtschaft väterlicherseits, dennoch intensiven Kontakt pflegten. Und da wir direkt an der Grenze wohnten, ergaben sich auch zusätzlich Kontakte zu den Nachbarn. Zwar war es der gesamten Schülerschaft verboten worden, an freien Nachmittagen nach Konstanz zu gehen, wohl aus der Sorge heraus, wir könnten moralischen Schaden nehmen. Vielleicht hatte bei der Lehrerschaft die literarische Erzählung «Die schöne Imperia» von Honoré de Balzac dazu beigetragen, dass die Konzilsstadt mit dem Prostituiertendenkmal, das der Bildhauer Peter Lenk für die Hafeneinfahrt geschaffen hat, assoziativ mit dem horizontalen Gewerbe in Verbindung gebracht wurde. Ich wundere mich im Nachhinein ein bisschen, denn ich fühlte mich von dem Verbot in keiner Weise angesprochen und marschierte beinahe täglich unbekümmert «nach drüben», machte Besuche oder spielte mit den Kindern jenseits des Zauns. Auch meine Mutter, zwar Schweizerin, fühlte sich sehr zu Deutschen hingezogen. Da sie ein sehr hilfsbereiter Mensch war – man könnte sogar sagen, es war ihr ein großes Bedürfnis zu helfen –, trafen sich bei uns oft Menschen, die in großer, vor allem existenzieller Not waren und dringend Hilfe benötigten. Der Lohn meiner Mutter, die alleinverdienend für die Familie aufkam, war als Näherin gering, doch für jemanden, der gar nichts besaß, immer noch riesig. Es wurde alles geteilt, meine Mutter meinte, wer mehr als zwei Pullover besitze, solle einen abgeben. Und das tat sie. Es genügten zwei Unterhosen, zwei Unterhemden und zwei Paar Schuhe. Essen wurde ebenfalls geteilt, schließlich hatten wir einen vom Vater täglich bewerkelten großen Garten, der uns rund ums Jahr mit Gemüse aller Art belieferte, zudem einige Obstbäume, verschiedene Sorten Äpfel und Birnen, im Sommer sämtliche Beerensorten: Himbeeren, rote, weiße und schwarze Johannisbeeren, Brombeeren, rosarote und weiße Stachelbeeren, Blaubeeren. An den Hauswänden wucherten Pfirsiche, Aprikosen, dunkelblaue und weiße Trauben, überragt von zwei großen Zwetschgenbäumen – es gab alles in Hülle und Fülle. Mein Vater, der den größten Teil des Tages in seinem Garten verbrachte, hatte auch noch fünf Hühner, die, wenn sie nicht gerade in der Mauser waren, Eier lieferten und die er alle mit Namen kannte. Sogar die eine oder andere politische Frage pflegte er mit ihnen heftig zu diskutieren – wenn er sich nicht gerade über den lieben Gott ereiferte.

Durch diese Hilfsaktionen entstanden Freundschaften – insbesondere zu meiner Mutter. Sie kümmerte sich vor allem um Bertfriede, die wir «Tante Bertle» nannten, eine junge Witwe mit zwei Töchtern, die eine etwas älter als ich, die andere etwas jünger. Sie war eine äußerst attraktive junge Frau mit langen samtbraunen Haaren, stets geschminkt und mit den wenigen Mitteln, über die sie verfügte, sorgfältig herausgeputzt. Sie war auf der Suche nach einem Mann, möglichst ein reicher Schweizer sollte es sein. Da sie alles mit meiner Mutter besprach, während wir Kinder im gleichen Raum mit unseren Puppen spielten, bekam ich einiges mit. Die Mädchen übernachteten oft bei uns, wenn ihre Mutter im abendlichen Ausgang ihr Glück versuchte. Tagsüber war sie als Arbeiterin in jenem Großbetrieb beschäftigt, der von Jakobs Vater geleitet wurde, und es überrascht nicht, dass er bald ein Auge auf diese hübsche Deutsche warf. Es muss zu mehreren Treffen zwischen den beiden gekommen sein. Tante Bertle erzählte alles brühwarm meiner Mutter, die gelegentlich versuchte, sie in ihrem von Hoffnung durchfluteten Eifer etwas zu bremsen. Schließlich handelte es sich um eine aussichtslose Sache, so argumentierte meine Mutter, zudem sei alles brandgefährlich, der Mann sei schließlich verheiratet. Tante Bertle aber war nicht mehr von ihrem Vorhaben abzubringen, sie rüstete immer mehr auf, das Lippenrot wurde noch leuchtender aufgetragen und lockte noch intensiver, zur Arbeit erschien sie mit weit ausgeschnittenen, meist transparenten Blusen, und mit ihren hochhackigen Schuhen stolzierte sie wie eine, die bereits den Sieg in der Tasche trug: «Weshalb soll ich mein Glück nicht versuchen!», meinte sie siegessicher.

So wurde ich also Mitwisserin einer heimlichen Liebschaft, und ich beobachtete meinen Schulkollegen Jakob sehr genau, ob es Zeichen dafür gab, dass das vermeintlich solide anmutende Familienschiff allmählich Schlagseite bekäme. Ihm war nichts, aber auch gar nichts anzumerken. Er rechnete weiterhin schneller als der Teufel, als ob es für ihn nur diese eine Welt der Zahlen gäbe, und diese war ja schließlich in Ordnung. So spekulierte ich darüber und war mir eigentlich sicher, dass Jakob ahnungslos war. Als er einmal von seiner Mutter abgeholt wurde, erhielt ich eine Lektion, die ich nie mehr vergaß. Jakobs Mutter, eine etwas verhärmte, schmuck- und farblose

Frau, fern jeder Koketterie oder dergleichen, bekam neben der schillernden verführerischen Konstanzerin keinen Stich. Von diesem Moment an phantasierte ich jeweils zu jeder unscheinbaren Schweizerin eine deutsche aufgetakelte, verführerische Konkubine.

Die Angelegenheit musste ziemlich Fahrt aufgenommen haben, Tante Bertle wähnte sich kurz vor dem Ziel. Triumphierend sagte sie zu meiner Mutter: «Jetzt muss er sich scheiden lassen und mich heiraten!», und ich erinnere mich, wie sich meine Mutter darum bemühte, ihr das auszureden – doch ohne Erfolg. Bertle beharrte darauf. Sie wurde dann etwas dicker. Dann wurde sie wegen eines Notfalls ins Vincentius-Krankenhaus in Konstanz eingeliefert, ihre Töchter waren derzeit bei uns untergebracht. Kurze Zeit darauf kam sie wieder zurück, war wieder dünn, holte ihre Kinder ab und flog im hohen Bogen aus der Fabrik, kurzum, sie wurde fristlos entlassen. Es folgte eine lange Zeit der Arbeitslosigkeit mit zwischenzeitlichen zukunftsversprechenden Liebschaften. Meine Mutter kümmerte sich um sie, und ich bekam – wenn auch in Fragmenten – alles wie in einem aufregenden Fortsetzungsroman mit. Jakob stand weiterhin unter meiner Beobachtung, doch ich fand keinerlei Anzeichen emotionaler Verunsicherung. Als Schnellrechner war er weiterhin funktionstüchtig, und seine Welt schien in Ordnung.

Als ich mich neben ihn setze, biegen wir gerade in die Bucht von Überlingen ein, und vor uns taucht die Insel Mainau auf, die sich da wie in einem wundersamen Gemälde vor uns erhebt. Damit war auch unser Gesprächsthema vorgegeben, die Bernadottes, der Graf, der sich scheiden ließ, um das Töchterchen des Pförtners zu ehelichen, und aus ihr eine Gräfin machte, während die Exfrau abserviert wurde. Die Geschichte der Bernadottes schien Jakob sehr zu beschäftigen, jedenfalls wusste er genau darüber Bescheid. In seiner sehr schnellen Sprechweise servierte er die Jahreszahlen und warf dazwischen einige persönliche Bemerkungen: «Ja, mich hat diese Geschichte sehr interessiert! 1932 übertrug Prinz Wilhelm von Schweden die Verwaltung der Mainau seinem 23-jährigen Sohn Prinz Lennart Bernadotte, der schon in seiner Jugend viele Sommerwochen auf der Insel verbracht hatte. Er verliebte sich in eine sogenannte Bürgerliche und heiratete sie. Dadurch verlor er sämtliche königliche Titel – das muss ja eine große Liebe gewesen sein.» Beim Stichwort «Liebe» setzt sich Paula zu uns, mit der ich während der Schulzeit kaum Kontakt hatte, sie war eine verbissene Handballerin, mir also fremd, und wir hatten keine Berührungspunkte. «Und», fragt sie, «wie ging es dann weiter?» «Typisch», denke ich, «sportlich gut unterwegs, aber geschichtlich nichts auf dem Kasten.» 1972 habe sich der Graf, so setzt Jakob seine Erzählung fort, nach vierzig Ehejahren von seiner Frau scheiden lassen, mit der er vier Kinder hatte – man solle sich das einmal vorstellen! Dann habe er es eilig gehabt und noch im selben Jahr, 63-jährig, die um 34 Jahre jüngere Tochter des Pförtners geehelicht, die für ihn als Assistentin tätig war. Klar, die hatte es wohl auf ihn abgesehen und ihn so richtig um den Finger gewickelt. Man habe sich sogar erzählt, dass sie bereits als junges Mädchen gesagt habe, sie wolle irgendwann einmal ins Schloss einziehen. Und das sei ihr schließlich auch gelungen. Und mit der neuen Frau habe er nochmals sage und schreibe fünf Kinder gezeugt. Und nun präsentiere sich die ganze Fünfertruppe als sozusagen gräfliche Familie, die auf diesem verachtungswürdigen Hintergrund aufgebaut worden sei. Davon erfahre man natürlich in den offiziellen Beschreibungen über die Insel nichts. In einer psychotherapeutischen Sitzung wäre es nun selbstverständlich gewesen, allfällige Assoziationen zur eigenen Geschichte zu reflektieren. Aber schließlich habe ich hier keinen therapeutischen Auftrag, sondern möchte mich vor allem mit meinen ehemaligen Mitschülerinnen und Mitschülern unterhalten.

Es ist spürbar, dass Jakob von diesen Geschehnissen sehr angetan ist, denn er würde noch gerne weiter darüber sprechen. Ich bin nicht überrascht zu erfahren, dass er als Mathematiker Karriere gemacht und es bis zu einer Professur gebracht hat. Er war verheiratet, Vater von zwei Kindern, denen er sehr zugetan war. Als die Affäre zu einer polnischen Tabledancerin aufflog, ließ sich seine Frau scheiden und entzog ihm auch konsequent die Kinder. Die sogenannte Tänzerin musste die Schweiz verlassen und wieder zurück nach Polen gehen und – was er nicht wusste – zu Mann und Kind. Jakob macht zwar einen aufgeräumten, aber dennoch leicht aufgeweichten Eindruck auf mich, und ich erkundige mich, ob er einen Freundeskreis habe. «Nein, nichts.» Ich will diese Geschichte nicht überinterpretieren, aber irgendwie ist es doch erstaunlich, wie er – obwohl er von der Episode seines Vaters wahrscheinlich nichts wusste – punktgenau in seine konfliktreichen Fußstapfen trat.

Ich überlege mir, ob ich ihn darauf ansprechen soll. Hätte er mir Fragen gestellt, wäre ich mit meinen Informationen herausgerückt. Aber sich zur Aufklärerin aufzuspielen gehört nicht zu meinen Aufgaben. Zudem hat sich eine buddhistische Weisheit in meinem Hirn eingenistet: «Was er hier gehört hat, erzählt er dort nicht wieder. Was er dort gehört hat, erzählt er hier nicht wieder.»

Als mich aber einige Wochen nach dem Klassentreffen eine Einladung von ihm erreicht, werde ich doch etwas unsicher, ob es vielleicht nicht an der Zeit sei, darüber zu sprechen. Er macht es mir leicht. Er erzählt, dass er wohl eher unbewusst damals sehr mit seiner Mutter gelitten habe, die Geschichte im Detail jedoch habe er erst kurz vor dem Tod seines Vaters erfahren. Im Nachhinein könne er auch verstehen, weshalb die Zahlenwelt für ihn diese große Bedeutung gehabt habe und dass es wie eine Rettung gewesen sei, sich mit zuverlässigen Fakten zu beschäftigen. Da er ja irgendwie gespürt habe, dass etwas nicht stimme, damit aber auf sich alleine gestellt gewesen sei und mit niemandem darüber sprechen konnte, musste er auf seine Art damit umgehen. Eigentlich ist dieser Zustand für ein Kind besonders schwierig – wenn sie etwas ahnen, so etwas wie eine Gefahr aus dem Hinterhalt, aber dafür keine Erklärung haben. Dort, wo Geschwisterkinder einander Halt geben können, sind Einzelkinder auf sich selbst gestellt. So lernen sie früh, alleine mit Problemen fertigzuwerden, die sich wohl leichter im Austausch mit anderen lösen ließen.

Das Schiff verringert das Fahrttempo und peilt den Anlegeplatz an. Es ist geplant, dass wir alle aussteigen und im Restaurant Schwedenschenke zu Mittag essen. Wie schon das Ein- verläuft auch das Aussteigen nicht für alle problemlos, wegen des derzeitigen hohen Wasserstandes geht es ziemlich steil hinunter. Dann schleicht die Gruppe gemächlichen Schrittes

Richtung Restaurant. Diejenigen, die noch gut unterwegs sind, machen noch einen kleinen Umweg, vorbei an den in herrlicher Blüte stehenden Wiesen und Blumen. Dann geht es zum köstlichen Mittagessen, klar, Seniorenteller für alle, für einige sind selbst die kleinen Portionen noch zu groß. Wir sitzen dicht gedrängt nebeneinander aufgereiht. Alle reden gleichzeitig, niemand versteht etwas, deshalb reden die meisten noch etwas lauter als gewohnt. Einige, wie ich, sind mit Hörgeräten ausgerüstet, was den ganzen Lärm noch verstärkt, und da die meisten nicht wissen, dass man im Gerät links den Pegel herunterschalten kann, mehren sich bereits vor der Vorspeise die Klagen über Kopfschmerzen. Ich schalte mein Hörgerät komplett aus, verzichte auf jede Unterhaltung und widme mich dem herrlichen Spargel. Nach dem Essen gibt es noch eine kurze Führung zur berühmten Wassertreppe, die im Mai von Tulpen und Pfingstrosen gesäumt ist. Der umwerfende Anblick lässt uns für eine kurze Zeit das Handicap der beginnenden Altersbeschwerden vergessen. Interessant, dass den meisten die Schönheit dieser Insel noch unbekannt ist, obwohl wir doch unsere Jugend in unmittelbarer Nähe verbracht haben.

Frühlingserwachen

Unter der Bootsdecke

Als sich das Schiff langsam von der Mainau entfernt und bereits das nächste Ziel, Meersburg, in der Ferne zu sehen ist, ziehen ein paar dunklere Wolken auf. Ich habe inzwischen so viel gehört, dass ich mich etwas aus den Gesprächen zurückziehe, um meinen eigenen Gedanken nachzugehen. Schließlich verbinden mich mit diesem Ort ebenfalls viele Erinnerungen, sowohl aus der frühen Kindheit als auch aus der Zeit des Erwachsenwerdens. Das Schloss, das hoch über dem Wasser thront, stolz und irgendwie geheimnisvoll, übt noch heute eine große Anziehungskraft auf mich aus. Unvergesslich geblieben ist mir, als ich zum ersten Mal die Räume gesehen habe, in denen angeblich Annette von Droste-Hülshoff gelebt und geschrieben haben soll Bereits in der Sekundarschule versuchte ich, alles aufzutreiben, was sie geschrieben hatte, habe ihre Gedichte auswendig gelernt, mich zurücktragen lassen in eine Zeit, wo Frauen still wie die Dichterin vor sich hin seufzten und klagten: «Wär' ich ein Mann doch mindestens nur.» Mich hatte vor allem ihr Leben als ledige Frau zur Zeit des angehenden neunzehnten Jahrhunderts interessiert. Wie schrecklich, immer in der

Obhut eines Mannes leben zu müssen, des Vaters, des Bruders und in ihrem Falle des Schwagers! Ihre innige, wohl eher als heimliche Verliebtheit zu verstehende Freundschaft zum siebzehn Jahre jüngeren Levin Schücking, der als Schlossbibliothekar im Dienst ihres Schwagers stand, befeuerte besonders meine Phantasie. Ich litt mit Annette und fand es himmeltraurig, dass sie ihre Liebe nicht leben konnte!

Ich wäre sehr gerne in Meersburg ausgestiegen und hätte das Schloss besucht. Ich erinnere mich an die vielen Seefahrten, die ich mit meinem Vater unternommen habe, wenn er seine Verwandten in Immenstaad besuchte, oder später, als ich selbst segelte und stets zwischen der Konstanzer Bucht und dem gegenüberliegenden Ufer unterwegs war – einige Male sogar in Seenot geriet. Die Erinnerungen daran sind eng mit meiner Schulfreundin Nita sowie den ersten Liebesabenteuern samt Liebeskummer mit Pedrino verbunden. Während er nun zwei Bänke hinter mir sitzt und auf den See hinausstarrt, ist Nita leider nicht anwesend, was ich sehr bedaure. Sie hat sich entschuldigt, wäre gerne gekommen, aber eine Knieoperation macht nachträglich Probleme, so dass sie nochmals ins Krankenhaus musste, um sich einer Nachoperation zu unterziehen. Ich weiß von ihr, dass sie zweimal geschieden ist, vier Kinder aus der ersten Ehe hat und inzwischen mehrfache Großmutter ist. Obwohl wir uns aus den Augen verloren haben, bleibt sie für mich eine wichtige Person. Alles, was mich beschäftigte, habe ich mit ihr besprochen, ihr auch meine Geheimnisse in Liebesdingen anvertraut.

Sie war meine beste Freundin. Ab der sechsten Klasse, später dann in der Sekundarschule, waren wir einfach unzertrennlich. Wir wohnten nur wenige Minuten voneinander entfernt. Wenn wir nicht in der Schule waren, hockten wir entweder in ihrem oder meinem Zimmer, machten es uns in unserem Garten in der Laube gemütlich, die von Weintrauben dicht berankt war, uns gegen fremde Blicke abschirmte und vor Lauschern schützte, oder wir spazierten stundenlang am See entlang. Wir lachten miteinander, weinten miteinander, menstruierten miteinander, schrieben lausige Arbeiten und erhielten schlechte Noten, was aber niemanden interessierte. Wir hatten unsere eigene Welt und vermissten eigentlich nichts und niemanden. Dass sich unsere Väter nicht um uns kümmerten und uns kaum beachteten, störte uns auch nicht, und dass Nitas älterer Bruder von der kleinen Schwester nichts wissen wollte, führte eher zu einem Gefühl der Entlastung. Wir orientierten uns ausschließlich in der weiblichen Abteilung.

Rein äußerlich aber war die Gegensätzlichkeit nicht zu übersehen. Ihre rabenschwarzen, stets sehr kurz und stumpf geschnittenen Haare, die jede mögliche Locke bereits im Keim erstickten, dafür aber im Gegenzug für eine dichte Fülle sorgten, standen im krassen Widerspruch zu meiner mittelfad dunkelblonden, langen, ungeordneten Mähne, wobei das Wort «Mähne» mehr dem Wunsch als der Wirklichkeit entsprach. Nita war etwas größer als ich, alles an ihr war auf schlanke Linienführung angelegt, die langen Beine, wie mit einem einzigen Pinselstrich hingegossen, Taille, Hüfte und Po verhielten sich in freundschaftlichem Einvernehmen, ohne sich krass gegeneinander abgrenzen zu wollen, selbst der winzige Busen, um den ich sie vor allem beneidete, zeichnete sich nur in beinahe scheuer Andeutung etwas unter ihrem Shirt ab. während ich mich bemühte, mit eher leicht nach vorne gekipptem Oberkörper das Ausmaß der zunehmend größer werdenden Oberweite zu verdecken. Ihre körperliche Klarheit erlaubte ihr, kerzengerade und beinahe majestätisch aufzutreten. Ich fühlte mich neben ihrer unauffälligen Eleganz im Nachteil, vom barocken Rest ganz abgesehen, der mich alles andere als erfreute. Aber wir bewunderten uns gegenseitig. Sie hätte gerne etwas von mir gehabt und ich von ihr. Wir besprachen alles miteinander, kannten uns also gut in der Seelenlandschaft der anderen aus. Trotzdem blieb ein kleines Gebiet geheimnisvoll, das ich umsonst versuchte zu erkunden, ohne es je aufzuschlüsseln. Aber ich bin davon überzeugt, dass es genau diese Lektion war, die mich gegenüber späteren Enttäuschungen in meinem Leben widerstandsfähig gemacht hat. Für Nita war Schuldgefühl ein Fremdwort, während ich mich ständig wegen Nichtigkeiten mit einem schlechten Gewissen herumschlug. Sie machte immer, was sie wollte, was sie für richtig hielt, selbst wenn es anderen nicht passte. Es kam mir damals so vor, als ob sie in einer Eigendrehung in besonders inniger Weise mit ihren Wünschen und Bedürfnissen nach innen verbunden sei und die Umsetzung ihrer Anliegen die selbstverständlichste Sache der Welt sei.

Nita und ich verbrachten also rund um die Uhr viel Zeit miteinander, sogar an Wochenenden rückten wir gelegentlich zusammen auf ihrem schmalen, aus hellem Holz gezimmerten Jungmädchenbett und flüsterten uns durch die Nacht.

Als aber Nita einen Mann kennenlernte, Karl-Heinz, der mindestens zehn Jahre älter als sie war, geriet unsere Freundschaft in eine ernsthafte Krise. Ich bin mir nicht sicher, ob sie sich in ihn verliebt hatte, sie blieb diesbezüglich stets etwas vage, aber Karl-Heinz hatte offenbar einen Narren an ihr gefressen. Er besaß ein Segelboot, einen stattlichen Jollenkreuzer, mit dem er oft an Regatten teilnahm und nicht selten als Erster durchs Ziel segelte. Offenbar stammte er aus einer Seglerfamilie, die jede freie Minute auf dem See verbrachte. Und nun geschah das Unerwartete: Nita kam mir abhanden! Jeden geschlagenen Sonntag verbrachte sie mit Karl-Heinz auf dem See, erzählte mir danach, wie toll, wie schön es sei, lautlos über das Wasser zu gleiten, währenddessen ich mich kummervoll in meinem Zimmer eingrub, zwar zu lesen versuchte, aber eigentlich nur darauf wartete, bis sie abends wehenden Schrittes und mit leicht gebräuntem Teint und ohne einen Anflug von Schuldgefühl mir gegenüber wieder zurückkehrte. Um irgendwie mit meinem Seelenschmerz fertigwerden zu können, begann ich zu schreiben, und mit diesen ersten Selbsttherapieschreibversuchen gelang es mir, mich vor dem totalen Absturz zu schützen. Ich war weit davon entfernt, ihr Vorwürfe zu machen, mehr noch, es wäre mir nicht einmal in den Sinn gekommen, ihr die Schuld für meinen Gram zu geben. Ihre Abwesenheit erlebte ich eher wie eine gottgegebene Fügung, eine Naturkatastrophe, die einfach hinzunehmen ist. Ich war damals nicht in der Lage, meine Enttäuschung über Nitas Verhalten zu benennen. Auch von Nita kamen keine Anzeichen, dass es für mich schwierig sein könnte. Zudem hatte ich sie im Verdacht, dass es ihr mehr um das Segeln als um den Mann ging, von dem sie wohl nicht besonders angetan war. Jedenfalls hatte sie es vorgezogen, die Zeit statt mit mir mit ihm auf dem See ohne mich zu verbringen. Und dafür fehlten mir die Worte.

Irgendwann hielt ich es nicht mehr aus, und ich sagte ihr, sie solle mich doch einfach einmal mitnehmen. Mein Ansinnen löste bei ihr nicht gerade Begeisterung aus – aber sie wolle mal nachfragen. Es stellte sich heraus, dass Karl-Heinz noch einen viel jüngeren Bruder hatte, der könne dann ja auch mitkommen. Gut, es hat dann geklappt. Kaum waren wir auf dem Schiff, und die beiden Männer machten sich an der Persenning zu schaffen, zogen die ersten Wolken auf, und ein heftiges Gewitter setzte ein, so dass es nicht möglich war, das Schiff startklar zu machen, um abzulegen. Nita und Karl-Heinz verzogen sich in eine Kneipe: «Wir gehen ein Eis essen», während Ben unbedingt mit mir auf dem Boot bleiben wollte. Es war meine erste körperliche Begegnung mit einem Mann. Alles war mir peinlich, unbeholfen, unerfahren versuchte ich, mich seinen Annährungen so gut als möglich, aber doch höflich zu entziehen. Da es heftig regnete, flüchteten wir unter die Persenning und teilten uns den schmalen Platz neben dem Schwertkasten, worauf er es offensichtlich abgesehen hatte. Das Boot lag also mit schiefem Mast vertäut im Hafen, schaukelte und ruckte unrhythmisch, Donner und Blitz wüteten draußen, und ich rechnete mir aus, dass das wohl die zornige Hand Gottes sei. Ben hingegen schien mit der Situation ganz zufrieden zu sein und begann nun, sich ans «Werk» zu machen. Er war mindestens so unerfahren wie ich, nestelte sich durch meinen Jungmädchenbüstenhalter durch und machte sich ziemlich ungeschickt an meinen Brustwarzen zu schaffen – was mir weder einleuchtete noch ein auch nur im Entferntesten angenehmes Gefühl zu bereiten vermochte. Ich wollte mich nicht blöd und zickig anstellen, ließ ihn gewähren, zudem rechnete ich im Hinterkopf blitzschnell aus, wenn ich ihn ganz abwiese, könnte es sein, dass ich nicht zur Bootsfahrt mitgenommen würde, und dieses Risiko wollte ich nicht eingehen. Wenn ich mein Verhalten aus heutiger Sicht reflektiere, frage ich mich ernsthaft, ob ein solcher harmloser Deal bereits in uns angelegt ist und schließlich im fortgeschrittenen Stadium die Blaupause für Prostitution bildet. Jedenfalls fühlte ich mich dabei alles andere als gut.

Allerdings rechnete ich damit, dass sich das Gewitter bald verziehen würde, die anderen beiden zurückkämen und wir endlich in See stechen würden. Und so kam es dann auch, wenn auch mit einiger Verzögerung. Es war für mich eines der schönsten Erlebnisse! Vergessen das unangenehme Gefummel unter der Bootsdecke, vergessen der unwürdige Deal, nur vom leisen Geräusch des Windes begleitet glitten wir geräuschlos über den See, wie auf Flügeln getragen, himmelwärts in die Unendlichkeit. Das war tausendfache Entschädigung. Leider wurde ich nach meinem ersten Ausflug nicht mehr eingeladen. Nita teilte mir eines Tages trocken und ihrer Art entsprechend ohne das geringste Anzeichen von Bedauern mit: «Du kannst nicht mehr mitkommen.» So verbrachte ich den Rest des langen Sommers ohne meine beste Freundin. Erst als die Schiffe zur Überwinterung in der Werft ruhten, war sie wieder frei und wir unzertrennlich. Es wäre mir niemals eingefallen, die Freundschaft mit ihr aufzukündigen. Selbst als mich eine andere ferne Freundin, die während Nitas Absenz ihre Stellvertretung zu übernehmen versuchte – was ihr nicht gelang –, auf den sogenannten Verrat, wie sie es nannte, aufmerksam machte, war mir der Begriff fremd.

Es gingen einige Sommer ins Land. Die Sache mit Karl-Heinz hatte sich Gott sei Dank bereits im Herbst erledigt, und ich ging davon aus, dass es im kommenden Sommer keine Fortsetzung geben werde. Und so kam es dann auch. Wir waren wieder unzertrennlich, machten lange Spaziergänge am Ufer entlang und schauten sehnsuchtsvoll nach den Segelbooten. Nita machte bereits eine Lehre als Fotografin und hatte also immer einen Fotoapparat dabei, schoss laufend Bilder, meist von mir. Ich hingegen besuchte noch die Schule und wusste nicht, was aus mir werden könnte. Unsere Freundschaft war noch immer innig und ungetrübt, gelegentliche Scharmützel von Seiten des anderen Geschlechts wurden erfolgreich gemeinsam abgewehrt. Aber in mir nistete weiter der Wunsch, irgendwie auf ein Segelboot zu kommen, während sich Nita mit Fotografieren beschäftigte. So schlich ich in jeder freien Minute im Hafen um die Schiffe herum, stets in der Hoffnung, irgendwann eingeladen zu werden. Und dann klappte es. Ein männliches Auge erblickte mich, fand Gefallen an mir, und ich wurde auf seine Yacht – einen beachtlichen Schärenkreuzer – eingeladen. Und weil gerade noch ein anderes junges Mädchen danebenstand, das ich nicht besonders gut kannte, wurde auch sie mit aufgenommen. Erst hinterher stellten wir fest, dass sich in der Kajüte noch weitere Personen befanden, zwei Männer und eine junge Frau. Wir segelten los, und wieder stellte sich das unbeschreibliche Gefühl ein, beinahe lautlos über das Wasser zu gleiten, zusammen mit dem Wunsch: «Das will ich so oft wie möglich erleben.» Rainer, der Bootsbesitzer, ein nicht sehr gut aussehender Mann und schon ziemlich alt (er war wohl um die dreißig), wie ich Nita erzählte, lud mich bereits am nächsten Wochenende mit Übernachtung ein. Dazu kam es aber nicht, meine Mutter hatte Wind davon bekommen und verbot mir, auf dem Schiff zu nächtigen. Immerhin aber gelang es mir immer wieder, trotzdem eingeladen zu werden, was ich jedes Mal freudig annahm. Rainer war sichtlich an mir interessiert, während es mir ums Segeln ging, was zur Folge hatte, dass ich pro forma sein Interesse eher lau als leidenschaftlich beantwortete. Und wieder funktionierte der Deal.

Als ich mich dann aber Hals über Kopf in einen Gleichaltrigen ohne Segelboot verliebte, und zwar zum ersten Mal so richtig und rundum, wollte ich von Rainer nichts mehr wissen. Plötzlich gefiel es mir viel besser, vom Land aus den Booten zuzuschauen. Ohne großes Bedauern verzichtete ich auf die Segelausflüge und erhielt eine erste Lektion in Sachen unsäglicher Abhängigkeit, ohne dass ich sie schon genau hätte benennen können. Ich nahm mir vor, mit meinem ersten Geld, das ich verdienen würde, mir ein eigenes Segelboot zu kaufen. Um damit ich einst gut auf das Führen eines Bootes vorbereitet sein würde, meldete ich mich bei einer Segelschule an, um das Kapitänspatent zu machen.

Rainer aber rächte sich an mir. Er machte sich an Nita heran. Und nun verbrachte sie wieder jedes Wochenende auf dem See. Meine neue Liebe war zwar eine nette, aber nur vorübergehende Angelegenheit. Und ich hockte wieder jedes Wochenende da und wartete, dass Nita zurückkehrte, die ihrerseits, fern auch nur von einem Anflug von Schuldgefühlen, mit größtem Vergnügen ihren Weg ging.

Manchmal kommt es mir vor, als würden Schuldgefühle

wie Affen auf meinen Schultern sitzen und nur darauf warten, mich in Besitz zu nehmen. Doch dann denke ich immer wieder an Nita, die mir die ersten Lektionen diesbezüglich erteilt hat.

Wie schön wäre es gewesen, sie nochmals zu treffen und von ihr zu erfahren, ob sie diese großartige Immunität Schuldgefühlen gegenüber in ihrem zukünftigen Leben bewahren konnte.

Sitzen gelassen

Vielleicht ist es Zufall, oder aber Pedrino hat es bewusst so eingefädelt, dass ausgerechnet, als unser Passagierschiff in die Überlinger Bucht einbiegt und Kurs auf Meersburg nimmt, er sich neben mich setzt. Es ist mir äußerst unangenehm, an jene scheußliche Episode erinnert zu werden, die uns beide verbindet, und das, obwohl sie nun schon Jahrzehnte hinter mir liegt.

Pedrino ist zweisprachig aufgewachsen. Sein italienischer Vater, der eine Schweizerin geheiratet hatte, besaß ein Nähatelier und fertigte exquisite und außergewöhnlich elegante Herrenanzüge, Damenkostüme und -mäntel an. Obwohl meine Mutter über wenig Geld verfügte, ließ sie mir von ihm einen grasgrünen Wintermantel aus Bouclewolle mit einer kleinen Masche als Knopfabschluss anfertigen. Es war mit Abstand mein schönstes Stück. Pedrino war sehr begabt, schrieb spannende Aufsätze. Weil er perfekt Italienisch sprach, war es für ihn nur ein kleiner Sprung ins Französische, und er steckte darin auch diejenigen, die ganz ordentlich waren, in die Tasche.

Er war zwar von eher kleiner Körpergröße, aber sein beinahe ungebremster Charme und sein gutes Benehmen sorgten dafür, dass er bei uns Mädchen sehr beliebt war, mehr noch, immer wieder einmal schwärmte eine von uns für ihn. Er aber war wählerisch. Und noch lange nicht jede konnte bei ihm landen. Ich lebte diesbezüglich ohnehin mit dem Gefühl, chancenlos zu sein, so dass ich mich mit dem Satz «Die Trauben sind mir zu sauer, ich mag sie nicht» gewappnet hatte. Die Zeit im Kindergarten lag längst hinter uns. Wir hatten eigentlich nichts miteinander zu tun, und die gelegentlichen Berührungspunkte in der Schule waren eher zufälliger Natur und ohne Bedeutung.

In der Segelschule änderte sich das. Er, der von Kindesbeinen an segelte, begegnete mir dort als frischgebackener Segellehrer wieder. Ich muss zugeben, er machte seine Arbeit sehr gut, geduldig brachte er uns bei, wie die Segel zu stellen sind, damit der Wind das Boot in die gewünschte Richtung trägt. Und dann, an einem Abend, als wir gerade mehrere Stunden komplizierte Seemannsknoten übten und mir einfach dieser blöde Palstek nicht gelingen wollte, fragte er mich völlig überraschend, ob ich Lust hätte, mit ihm an der nächsten Juniorenregatta teilzunehmen, gewissermaßen als sein Vorschotmann, worüber ich bereits eine Prüfung in der Tasche hatte. Ich musste nicht lange überlegen. Klar, ich wollte. So kam es, dass wir außerhalb des Segelkurses viele Stunden, ja mehrere Wochenenden miteinander verbrachten, um uns gründlich auf dem Boot, das dem Segelklub gehörte, darauf vorzubereiten. Was das Segeln betraf, kam ich nun wieder voll auf meine Rechnung. Er hingegen versprühte seinen ganzen Charme.

Dabei wurde mir nicht so ganz klar, ob er es tatsächlich auf mich abgesehen hatte, denn seine Knutschangebote waren nicht besonders zielgerichtet – eher zufällig, wenn es sich gerade ergab. Obwohl ich es mir strengstens untersagte, mich in Pedrino zu verlieben, hatte ich alle Hände voll zu tun, dass sich meine Gefühle für ihn nicht ohne mein Einverständnis verselbstständigten. Irgendwann aber machten sie eh, was sie wollten. Und als wir dann unsere Reisevorbereitungen für die Regatta trafen, die am oberen Ende des Bodensees in Bregenz stattfinden sollte, fühlte es sich so an, als ob wir ein Paar wären.

Wir waren kaum dort angekommen, hatten unser Boot im Hafen festgemacht und schlenderten die Hafenmole entlang, als ein Passagierdampfer anlegte. Es entstiegen ihm zahlreiche junge Damen, die meisten weizenblond und wunderschön – sie kamen aus Hamburg, wie sich später herausstellte –, und Pedrino war nicht mehr zu halten. Er quatschte eine davon an, die unverzüglich und freudig auf ihn reagierte. Und dann war es um ihn geschehen. Er verschwand. Regatta hin, Regatta her, ich saß vier Tage buchstäblich auf dem Trockenen. Da ich noch kein Schiffspatent besaß, durfte ich nicht alleine aufs Wasser. Ich verkroch mich in meiner einfachen Absteige, heulte und schrieb mir den Kummer vom Leib. Als ob ich den Braten gerochen hätte, hatte ich noch als Lektüre «Die Leiden des jungen Werther» eingepackt, darin fand ich etwas Trost. Rückblickend bin ich mir nicht mehr sicher, ob sich mein Gram tatsächlich auf die verlorene Liebe bezog oder viel mehr auf die verpasste Regatta.

Nach zwei Tagen hatte ich von diesem Elend genug und beschloss, nicht weiter auf ihn zu warten und zu hoffen, doch noch an einer Regatta teilnehmen zu können. Gegen Abend war die Entscheidung gefallen: Ich würde mich einfach ins Boot setzen und ein wenig in die Nacht hinaussegeln. So viel hatte ich ja immerhin gelernt, dass das möglich war. Das Gefühl absoluter Freiheit werde ich nie mehr vergessen, als ich im lauen Abendlüftchen aus dem Hafen heraussegelte! Pedrino konnte mir gestohlen bleiben, kein Gedanke mehr an ihn! Ich segelte einfach gemächlich auf dem spiegelglatten Wasser los, nur von einem leichten Windhauch begleitet, zuerst immer schön dem Ufer entlang. Dann aber packte mich die Freude derart, dass ich einfach der Dämmerung entgegensteuerte, bis ich irgendwann nicht mehr genau wusste, wo ich war, erfüllt von dem Gedanken, dies sei der schönste Moment, den ich je erlebt hatte. Mitten in meinem Glücksgefühl vergaß ich die Zeit. Mit dem Eindunkeln kam der Wind etwas stärker auf, was mir sehr recht war. Obwohl ich keine Lichtsignale bei mir hatte, fühlte ich mich sicher, mehr noch, ich kam nicht einmal auf die Idee, etwas könne geschehen. Als dann von weiter Ferne Klänge über das Wasser getragen kamen, liebliche undefinierbare Töne, segelte ich nach Gehör und wollte wissen, woher die Musik kam. Ich gehe im Rückblick davon aus, dass es eine helle Mondnacht gewesen sein musste, denn irgendwann erkannte ich am Ufer etwas, das sich bewegte, bis ich eine Gruppe von Personen sah, die es sich am Strand gemütlich machten und dazu sangen. Als sie mich entdeckten, sprangen einige sofort ins Wasser und schleppten mein Boot zum Ufer und zogen es aufs Land, ungeachtet des steinigen Untergrunds. Jedenfalls verbrachte ich mit den jungen Leuten, die auf dem nahe gelegenen Campingplatz mit ihren Eltern logierten, eine aufregende und höchst interessante Nacht mit Tanz, Gesang und Coca-Cola. Bei Sonnenaufgang holten sich einige bei ihren Eltern aus dem Zelt etwas zum Frühstücken, und ich dachte: «Was für eine gelungene Nacht.» Aber es war mir auch klar, dass ich wieder zurücksegeln musste, in der Zwischenzeit konnte ich mich wieder gut orientieren. Der Abschied fiel fröhlich und heiter aus, und ich segelte munter und unbeschwert zurück in den Bregenzer Hafen. Als ich dort gut gelaunt und zufrieden ankam, nahm mich die Wasserpolizei mitsamt einem aufgebrachten Pedrino in Empfang. Als er am Abend mitbekommen hatte, dass «sein» Boot im Hafen fehlte und auch von mir keine Spur zu finden war, hatte er die Polizei alarmiert. Er hielt mir vor, dass sie davon ausgingen, ich sei samt Boot untergegangen, und nun käme ich zurück und sei derart gut drauf. «Ja, so ist es», sagte ich, fern jeder Absicht, mich irgendwie an ihm zu rächen. Und wie ich von Nita gelernt hatte, ließ ich in meinen Gedanken keinen Platz für Schuldgefühle. Ich wurde dann einvernommen, musste über meine Aktivitäten genau Auskunft erteilen. Auch dass ich ohne Licht unterwegs gewesen war, gab Anlass zur Rüge – von einer Anzeige indessen wollten die diensttuenden Männer wohlwollend absehen. Obwohl alles sehr unangenehm war, konnte es mir die Freude über meinen nächtlich gelungenen «Ritt über den Bodensee» nicht nehmen. Pedrino aber war nicht mehr zu halten, offenbar hatte sich die hoffnungsvolle Angelegenheit mit der schönen Hamburgerin nicht zu seiner Zufriedenheit entwickelt, und er war einfach stocksauer. Er habe keine Lust mehr, die kommenden zwei Tage noch mit mir hier zu verbringen, auch käme eine Teilnahme an einer Regatta unter diesen Umständen nicht mehr in Frage, und deshalb «befehle» er, dass wir uns unverzüglich auf die Heimfahrt aufmachten. «Gut», dachte ich, «bei gutem Wind schaffen wir das in sechs Stunden, sonst dauert es eben länger.»

Kaum hatten wir den Hafen verlassen, stellte sich totale Windstille ein, wir schaukelten wie verlorene Kinder auf dem Wasser. Wir waren aber doch zuversichtlich, denn gegen Abend kommt es erfahrungsgemäß immer zu leichten Windbewegungen. Pedrino sprach kein Wort. Mir war das ganz recht, ich wollte mir meine gute Laune nicht nehmen lassen. Erst als wir am Ufer die Vorsturmwarnung entdeckten, tauschten wir uns kurz aus, was nun zu tun sei. Da wir keinen Motor hatten, lediglich zwei kleine Paddel, wussten wir, was das zu bedeuten hatte, und harrten nun der Dinge, die da kommen sollten. Es muss wohl einer der heftigsten Stürme der letzten Jahre gewesen sein, einige Boote kenterten, eine große Yacht lief voll und soff ab, und wir beide mussten all unsere Kräfte zusammenspannen, um die gigantischen Wellen, die da auf uns herunterstürzten, zu überstehen. Mehr als einmal befürchtete ich: «Ups, das war's dann wohl», aber das Schiff, ein währschaftes altes Holzboot, trotzte allem Ungemach. Obwohl uns klar war, in welche Richtung wir fahren sollten, wussten wir irgendwann nicht mehr, wo wir uns befanden. Auf dem Wasser war die Hölle los. Die kurzen Momente, in denen der Blitz kurz die Konturen aufleuchten ließ, genügten nicht, um uns orientieren zu können. So steuerten wir irrtümlicherweise in die Überlinger Bucht, wo wir dann auch um ein Haar gekentert hätten.

Und nun, sechzig Jahre später, sitzen wir hier auf einem Dampfer friedlich nebeneinander, Pedrino hat sich leicht an mich gelehnt, während ich meinen Erinnerungen nachsinne, denn die alten Bilder kommen, ob ich will oder nicht. Dann aber reitet mich der Teufel, und wie beiläufig werfe ich meine Frage in den Fahrtwind: «Erinnerst du dich noch, als wir beide hier beinahe kenterten?» Er überlegt, dann fragt er ungläubig: «Wann? Was?» Jetzt weiß ich, dass diese Episode keine große Bedeutung für ihn gehabt haben kann und aus seinem Erinnerungsspeicher längst gelöscht war. Schließlich aber möchte ich die ultimative Frage noch stellen und will wissen, wie es denn mit der schönen Hamburgerin weitergegangen sei. Seine Antwort allerdings enttäuscht mich: «Ich war noch nie in Hamburg.» Was für eine traurige Bilanz. Das Gespräch mit ihm ist so kurz wie erschütternd.

Die goldene Maisonne versinkt langsam im Westen und spiegelt eine silbern schimmernde Balsamspur aufs Wasser – was für ein Schauspiel. Wie oft hatte ich beim Segeln auf diesen einen Moment gewartet, sich dem Himmel und dem Universum so nah zu fühlen, dass die Ewigkeit beinahe greifbar wird.

Inzwischen ist Pedrino eingeschlafen. Als wir im Hafen landen, stupse ich ihn und helfe ihm beim Aussteigen.

Gott ist tot – oder doch nicht?

Bestattungskultur auf den Kopf gestellt

Als wir im Hafen von Kreuzlingen ankommen, verabschieden wir uns voneinander, versprechen uns, möglichst bald wieder ein Treffen zu veranstalten – schließlich seien die noch verbleibenden Jahre gezählt, wobei sich gleich Helmer polternd einmischt: «Ach was, man soll den Teufel nicht an die Wand malen.» Der kluge Jakob, noch immer mit Schnellsprechtempo, korrigiert unverzüglich mit leiser Stimme: «Es ist keine Frage des Teufels, sondern der Mathematik.» Ich übergebe Pedrino, oder das, was noch von dem strahlenden Jungen von einst übrig geblieben ist, seiner Frau, die ihn liebenswürdig in Empfang nimmt und zum Auto geleitet. Das Bild tut mir in der Seele weh, überhaupt ist das Zuschauen-Müssen, wie Menschen langsam in sich zusammenfallen, eine ziemlich grausame Lektion, zumal wir ja schließlich selbst davon betroffen sind. Mir fällt eine Textstelle aus dem «Rosenkavalier» ein, die mich, als ich noch jung war, derart fasziniert hat, dass ich sie auswendig gelernt hatte. Aber die Tragik, die aus diesen Zeilen spricht, habe ich erst allmählich verstanden:

Die Zeit, die ist ein sonderbar Ding.
Wenn man so hinlebt, ist sie rein gar nichts.
Aber dann auf einmal,
da spürt man nichts als sie:
sie ist um uns herum, sie ist auch in uns drinnen.
In den Gesichtern rieselt sie, im Spiegel da rieselt sie,
in meinen Schläfen fließt sie.
Und zwischen mir und dir da fließt sie wieder.
Lautlos, wie eine Sanduhr.
Manchmal hör' ich sie fließen unaufhaltsam.
Manchmal steh' ich auf, mitten in der Nacht
und lass' die Uhren alle stehen
Allein man muß sich auch vor ihr nicht fürchten,
Auch sie ist ein Geschöpf des Vaters,
der uns alle geschaffen hat.

Bis vor kurzem vertrat ich noch die Meinung, dass das Alter für uns Frauen um einiges herausfordernder sei als für Männer. Schließlich ist bei den meisten unsere Ich-Identität aufs Engste mit unserem Äußeren zusammengeschnürt, da ist es eine große Herausforderung, miterleben zu müssen, wie unsere weibliche Attraktivität dahinwelkt und allmählich schwindet, sich verabschiedet oder sich gar ins Gegenteil verwandelt. Das ist doch eine harte Nuss. Wenn ich nur daran denke, was es mich an innerer Überwindung gekostet hat, auf schnittige Schuhmodelle zugunsten von flaumweichen Tretern zu verzichten, könnte ich eine Tragödie in drei Akten dazu schreiben. In den ersten Akt gehört die Zeit der erfolgreichen Verdrängung: Wir kaufen noch frisch-fröhlich traumhafte und modische Schuhe, trösten uns damit, dass sich diese durch wackeres Einlaufen lebensfreundlich entwickeln werden. Und weil sich das so gut wie nie ereignet, folgt der zweite Akt: Wir erliegen noch immer der Eleganz formschönen Schuhwerks, kaufen zwar auch noch das eine oder andere Paar, stellen es dann aber in den Schrank, still hoffend, irgendwann am Tag X geschehe ein Wunder. Wenn die Resignation ganze Arbeit geleistet hat, landen wir im dritten und letzten Akt: Wir sehen von weiteren Kaufaktionen endgültig ab und suchen künftig in jener Altweiberabteilung, die wir bis dahin verschmäht haben, und geben uns, wenn auch nicht frohen Mutes, geschlagen. Ich habe aber noch nie einen Mann beobachtet, der sich verzweifelt in einen schnittigen Schuh hineinzuzwängen versucht! Auch was unseren Bekleidungsstil betrifft, dem wir bis ins Seniorenalter peinlich die Treue halten, sind wir ebenfalls schlechter dran als Männer.

Während der Mann unbemerkt einfach so vor sich hin altert, die Gattin ihn ohnehin mit der passenden Bekleidung ausrüstet, ihm die Hosen einfach eine oder gar zwei Nummern größer oder kleiner kauft, Hemden und Shirts nach farblicher Eignung angeschafft, das heißt in alltagsfreundlichen Mustern, auf denen nicht gleich jeder Klecks zu erkennen ist, tun wir Frauen uns schwer. Wir tragen ja ein inneres Selbstbild mit uns herum, das wir einst, als wir noch jung waren, entwickelt haben. Irgendwie scheint es vielen Männern besser zu gelingen, sich prozesshaft auf Veränderungen einzustellen – oder vielleicht sind sie einfach gegen den Attraktivitätsquotienten besser imprägniert. Während wir uns bereits in jungen Jahren darauf ausgerichtet haben zu gefallen und unser Spiegelbild kritisch danach durchforsteten, schauen Männer weniger – wenn überhaupt – in den Spiegel und fühlen sich so, wie sie sind, in Ordnung. Der Glanz in den mütterlichen Augen hält bei den meisten bis ins hohe Alter an. Nun aber, im Alter von bald achtzig Jahren, sind wir alle dort angekommen, wo wir der Wahrheit ins Auge blicken müssen und Verfall und Gebrechlichkeit Männer und Frauen gleichermaßen betreffen.

Da ich das Auto auf der Ostseite des Seeburgparks geparkt habe, muss ich nun den Weg zu Fuß zurückgehen, was nochmals eine gute Möglichkeit ist, über die vielen Begegnungen nachzudenken. Vor allem aber beschäftigen mich alte Erinnerungen, die sich ungefragt und wild durch- und übereinander stülpen und die ich versuche, etwas zu ordnen. Dabei fällt mir auf, dass ich bei weitem nicht mit allen Personen gesprochen habe, obwohl mich ihre Geschichte sehr interessiert hätte. «Gut», überlege ich, «das werde ich einfach nachholen, schließlich gibt es eine komplette Adressliste mit allen Angaben.»

Von weitem sehe ich einen weißen Hund, der sich trotz Leinenzwang frei bewegt und unbekümmert in der Wiese herumschnuppert. «Wie schön», fährt es mir durch den Kopf, «dass dieses Tier ungezügelt seinem Bedürfnis folgen kann», und beinahe etwas wehmütig denke ich an meine Schulkollegen und -kolleginnen. Schließlich hat mir das Zusammensein während eines ganzen Tages mit Gleichaltrigen, die in ihrer Beweglichkeit zum Teil bereits sehr stark eingeschränkt sind, schonungslos zu Bewusstsein gebracht, dass es auch bei mir nur noch eine Frage der Zeit ist, bis ich mich auf einem Rollator oder sonstigen Gehhilfen abstützen muss. Das lässt sich mit der Situation vergleichen, eine Fahrt in einem schönen Oldtimer zwar zu genießen, aber trotzdem immer zu wissen, dass womöglich gerade ein Teilchen wegen Abnutzung seine Funktion einstellt und ein Weiterfahren nur noch begrenzt oder gar nicht mehr möglich ist und dass für dieses Modell keine Ersatzteile mehr zu haben sind.

Dann aber entdecke ich den Hundebesitzer, der einige hundert Meter entfernt in leicht ungleichmäßiger Gangart auf dem Kiesweg entlanggeht. Ich erkennte ihn sofort: Ueli Sauter. Wir sind seit langem befreundet und kennen uns seit der Kindheit. Während der Schulzeit allerdings hatten wir nichts miteinander zu tun. Er war schließlich eine Klasse über mir – «Schade», fährt es mir durch den Kopf, «wie schön, er wäre mit uns auf der Schiffsreise gewesen.» Ich erinnere mich aber gut an den langen und sehr dünnen, mit beachtlich schönen blonden Haaren ausgestatteten Jungen, der einmal über längere Zeit nach einem Skiunfall mit zwei Krücken unterwegs war und souverän über sämtliche Hindernisse jonglierte und sie spielerisch überwand. Er hatte sich einen ziemlich komplizierten Beinbruch zugezogen. Die betroffenen Knochen waren nicht in der richtigen Stellung zusammengewachsen und mussten nochmals «zersägt» werden, um die Fehlstellung zu korrigieren. Bereits mit fünf Jahren hatte er einen schweren Unfall erlitten. Bei einer Ausstellung von Kindergrabsteinen – im Betrieb seines Vaters wurden Grabsteine zurechtgemeißelt – fiel ihm ein Stein über sein Bein und zertrümmerte es. Die Ärzte wollten das Bein amputieren, doch sein Vater kämpfte wie ein Löwe und setzte alles daran, das Bein zu erhalten. Es dauerte lange, bis Ueli wieder gehen konnte, zurück blieb ein kaum bemerkbares Zögern, das den Bewegungsablauf leicht beeinträchtigt und das Aufsetzen des Fußes um einen sechzehntel Takt verzögert. Nun, mit dem Älterwerden, da sich in die Gangart etwas Schleppendes einschleicht, zeichnet sich die frühe Beeinträchtigung noch etwas deutlicher ab, flankiert von zusätzlichen Operationen, die durch Stürze nötig geworden sind. Damals ahnte niemand, dass aus dem schlaksigen, unbekümmerten und stets gut gelaunten Jungen einst ein genialer Erfinder werden sollte, der sowohl die Urlaubsgestaltung als auch die traditionelle Bestattungskultur auf den Kopf stellen würde. Zuerst wurde aus ihm ein Elektroingenieur. Obwohl beruflich sehr erfolgreich, wollte er es nicht damit bewenden lassen. Zuerst dachte er darüber nach, dass es viele Menschen gibt, die während ihres Urlaubs nicht einfach blöd in der Sonne liegen, sondern sich mit etwas beschäftigen wollen, was sie geistig nährt und ihrem Leben Sinn gibt. Als einer der Ersten gründete er eine Institution für Sommerkurse, mietete sich dafür während der Sommermonate in einem Luxushotel auf dem Stoos ein, einem autofreien Dorf auf 1300 Meter Höhe in einer der schönsten Alpengegenden in der Schweiz, das ausschließlich mit der Seil- oder der steilsten Standbahn in Europa zu erreichen war. Das Konzept bestand in täglich vier Stunden Wissensvermittlung, der Rest Freizeit zum Wandern, Denken oder um sich sportlich auf dem Tennisplatz oder im Hallenbad zu betätigen. Im Laufe von zwanzig Jahren ließen sich per Seilbahn Zigtausende erholungs- und wissenshungrige Menschen auf den Berg hinaufbringen. Es war eine einmalige Erfolgsgeschichte und fand inzwischen zahlreiche Nachahmer.

Ueli engagierte mich jeden Sommer, und ich unterrichtete dort das Thema «Schreiben als Selbsttherapie». Daneben führten wir viele Gespräche über Gott und die Welt miteinander. Ebenso erteilte er mir die ersten Stunden Tennisunterricht.

Aber ich hatte auch noch eine andere Funktion. Mit seinem gewinnenden Wesen war es einfach, sich die Damenwelt gewogen zu machen. Wenn an jedem Sonntag die neuen Teilnehmenden eintrafen – bis zu 150, vorwiegend Frauen –, konnte ich bereits erahnen, auf welche er es besonders abgesehen hatte. Die Auserwählten ahnten nicht, dass es sich lediglich um eine kurze Zwischenverpflegung handeln würde, weshalb hinterher ein mehr oder weniger heftig einsetzender Liebeskummer zu erwarten war, was dann zur Bearbeitung in mein berufliches Ressort gehörte. Mehr als einmal hatte ich auch nachts Einsätze zu leisten, schließlich wollte ich verhindern, dass eine von enttäuschtem Liebesverlangen gezeichnete Teilnehmerin die Koffer packte, um vorzeitig abzureisen.

Es gab auch sonst noch ganz besondere Nächte. Marcia, eine ehemalige Schülerin des Frauenseminars Bodensee, erzählte mir gleich beim ersten Abendessen, dass es ihr nun endlich, unter schwierigsten Umständen, nach bald zwanzigjähriger Ehe gelungen sei, gemeinsam mit ihrem Mann zu verreisen, um an einem Ferienkurs teilzunehmen. Ihr Vater war damit nicht einverstanden gewesen. Wenige Tage vor der Abreise habe er sich in der Scheune erhängt. Sie verstand die Botschaft unverzüglich: Er wollte ihr mit seinem Tod einen Strich durch ihr Vorhaben machen. Als sie vor einigen Jahren bereits einen ersten Versuch unternommen hatte, in Urlaub zu fahren, stach sich der Vater kurzerhand selbst ein Auge aus, so dass sie sich um ihn zu kümmern hatte. Nun aber setzte sie alles in Bewegung, den Vater unverzüglich «unter die Erde» zu bringen, und organisierte blitzschnell die Beerdigung. Sie machte einen befreiten Eindruck, hatte sie doch ihr ganzes Leben darunter gelitten, dass der Vater sie derart fest im Griff hielt, sie unterdrückte und ihr kaum Raum für freies Atmen ließ. Und nun, durch seinen Tod, sollte sie sich endlich frei fühlen. Ich freute mich mit ihr. Das erzählte sie mir in meiner sehr komfortablen zweistöckigen Suite, die mir großzügigerweise von Ueli zur Verfügung gestellt wurde. Nachdem Marcia gegangen war, hatte ich das Bedürfnis, die Balkontüre mit sämtlichen Fenstern und Dachfenstern weit zu öffnen, um die sehr belastende Energie hinauszubitten, ja, ich sagte sogar laut, was für mich eher ungewöhnlich ist: «Meine Herrschaften, alle raus hier!»

Mitten in der Nacht wurde ich aus dem Schlaf gerissen, als es an meiner Türe heftig polterte. Mein erster Gedanke war: «Jetzt ist ihr Vater nochmals zurückgekommen und klopft an meine Tür.» Dann aber hörte ich Marcias verzweifelte Stimme, die meinen Namen rief. Ich eilte sofort auf den Gang, wo sie wild um sich schlug und immer wieder wiederholte: «Jetzt hat er mir meinen Mann geholt.» Anfangs ging ich davon aus, dass sie von einem schrecklichen Traum heimgesucht worden war, und bemühte mich, sie zu beruhigen. Wie ich dann erfahren musste, war ihr Mann aber tatsächlich mit einem Spezialjeep auf dem Weg ins Krankenhaus: Atemstillstand.

Sie hatte also nicht geträumt. Lebte ihr Mann noch, oder war er etwa schon tot? Da kein zweites Spezialauto zur Verfügung stand, wurde die Seilbahn, die zum Hotel gehörte, extra in Betrieb gesetzt, um Marcia und mich nach unten zu befördern, damit auch wir ins Krankenhaus eilen konnten. So schwebten wir in der Nacht talabwärts, Marcia auf dem schmalen Bänkchen zusammengekauert, ich neben ihr, den Arm um sie gelegt und ihre Hand haltend. Obwohl es sternenklar war, verdüsterte sich der Himmel plötzlich, und eine schwarze Wolkenwand türmte sich vor uns auf, aus der heftige Blitze zuckten. Jäh stand die Kabine still, schaukelte aber derart heftig, dass ich befürchtete, sie könnte aus der Führung springen und in die Tiefe stürzen. Um uns tobte ein heftiger Sturm, Marcia meinte kaum hörbar: «Das ist die Wut meines Vaters, er tobt noch immer.» Ich atmete auf, als der Spuk vorbei war und sich die Kabine wieder in Bewegung setzte. Als wir im Krankenhaus ankamen, wurde uns mitgeteilt, dass ihr Mann an einem plötzlich eingetretenen Herztod gestorben sei. Er war bis dahin kerngesund, 52 Jahre alt.

Ueli und ich hatten hinterher eine ziemliche Auseinandersetzung. Er war sauer auf mich, weil wir ihn nicht aufgeweckt, sondern einfach eigenmächtig gehandelt hätten. Von Zeit zu Zeit gerieten wir aneinander, aber Ueli gehört zu den Menschen, die nicht nachtragend sind, sondern schnell vergessen und immer neu beginnen. Er verfügt aber noch über andere bemerkenswerte Eigenschaften. Obwohl er keineswegs ständig über sich und sein Leben brütet und sich fragt, was er besser machen könnte, sondern vielmehr ohne langes Grübeln seiner Intuition folgt, bleibt er seinen Ideen so lange treu, bis er sie in die Tat umgesetzt hat.

Das war auch so bei seinem zweiten und genialsten Streich, dem «Friedwald». Und das kam so: Der große Wunsch seines todkranken, in England lebenden Freundes Michael war es, dass seine Asche an einem von ihm geliebten Ort in den Bergen begraben würde. Ueli setzte alles daran, den Letzten Willen des Freundes zu erfüllen, scheiterte aber zunächst daran, die

Asche von England in die Schweiz zu überführen. Um Michaels Herzenswunsch wenigstens symbolisch zu verwirklichen, verbrannte er Zigarettenstummel, gab die gewonnene Asche in die Erde und pflanzte an dieser Stelle einen Baum. Kurze Zeit darauf kam ihm während des wöchentlich stattfindenden Zusammenseins mit Freunden in der Sauna die Idee, aus dem Wunsch des Freundes eine neue Form der Bestattung zu machen: statt die Toten auf einem Friedhof zu begraben, ihre Asche in der lebendigen Natur unter Bäume zu betten. Die Runde, der er verkündete: «Ich habe soeben den Friedwald erfunden», war nicht unbedingt begeistert davon, sondern – wie könnte es anders sein – hielt das Ganze für verrückt.

Bei der Umsetzung des Projektes musste er zahlreiche Vorbehalte und Einwände aus dem Weg räumen. Ich traf ihn oft in dieser schwierigen Zeit, wo er an mehreren Orten gleichzeitig für sein Vorhaben kämpfte, aber nie daran dachte aufzugeben. Heute hat sich der «Friedwald» als echte Alternative zur traditionellen Bestattung etabliert, in der Schweiz sind bereits achtzig Wälder dafür belegt. Die Idee wurde auch für Deutschland übernommen; bislang sind 180 000 Bestattungen erfolgt, es gibt 280 000 Reservierungen, 125 Mitarbeiter arbeiten für den Friedwald. Auch die Deutsche Bischofskonferenz befasste sich damit und war erwartungsgemäß dagegen. Doch musste sie schließlich dem Druck der Gläubigen nachgeben. Inzwischen werden «Friedwälder» ökumenisch geweiht und mit einem Andachtsplatz mit Kreuz besonders gewürdigt.

«Wie läuft das Geschäft?» will ich von ihm wissen. «Gut», meint er unaufgeregt. Wir schreiten in etwas verlangsamter Gangart auf der langen Allee, die von uralten Kastanienbäumen gesäumt wird. Kiki, der Golden Retriever, schnüffelt sich abseits durch die Wiese. Prompt rüffelt eine junge Dame, ob er denn das Schild «Hunde an der Leine führen» nicht gesehen habe. «Doch», antwortet er, «es handelt sich lediglich um einen Vorschlag, entbehrt aber jeglicher gesetzlichen Grundlage.» Eigentlich habe ich erwartete, dass er wie früher sofort versuchen würde, mit der äußerst attraktiven Frau ins Gespräch zu kommen, und bin etwas überrascht, als er einfach seinen Weg fortsetzt. Das ist absolut neu! Interessieren ihn denn Frauen nicht mehr, will ich wissen?

Er erzählt mir, dass sich sein Blick auf die Damenwelt verändert habe, schließlich habe er mit 58 Jahren nochmals geheiratet, und es gehe ihm nun sehr gut. «Wie?», forsche ich nach. «Wie ich es eben gesagt habe.» Es interessiere ihn einfach nicht mehr. Das sei aber kein Verlust, sondern ein großer Gewinn, und er habe den Eindruck, endlich ein gemütliches Leben führen zu können, ohne stets von einem vorbeiwehenden Röckchen gestört und beunruhigt zu werden. Überhaupt denke er nun viel mehr darüber nach, was die Welt im Innersten zusammenhält. «Das kenne ich auch», werfe ich zustimmend ein, «endlich bei sich anzukommen und sich mit der Schöpfung verbunden zu fühlen. Wenn ich auf den See hinausblicke, erlebe ich etwas ganz Wunderbares. Und ich habe den Eindruck, mit dem Unendlichen verbunden und umfassend liebend darin aufgehoben zu sein.» Er aber blickt mich leicht irritiert an und meint: «Wenn ich auf den See hinausblicke, dann sehe ich nur Wasser.»

Inzwischen bin ich auf dem Parkplatz angekommen und suche mein Auto, das ich im ersten Moment nicht finden kann.

Nach alter Gewohnheit halte ich nach meinem Jaguar Ausschau. Einige Jahrzehnte über habe ich mich mit diesem Modell heimisch gefühlt, mit ihm die vielen langen Fahrten auf den Vortragsreisen zurückgelegt. Es wäre mir nie in den Sinn gekommen, mir einen kleineren Wagen anzuschaffen. Aber eines Tages lockte mich eine Freundin in ihren klitzekleinen Smart, und von diesem Moment an war es um mich geschehen. Sie ermahnte mich dazu, nicht nach hinten zu schauen, weil ja hinter dem Sitz eigentlich nichts mehr vorhanden war. Der völlig freie Blick indessen, der sich mir beim Vorwärtsschauen bot, entschädigte tausendfach für das nicht Vorhandensein der hinteren Sitze. So kam es, dass ich mir ein schneeweißes Smart-Cabrio kaufte und fortan nur noch damit unterwegs war. Selbst als ich eine längere Reise nach Kitzbühel zu machen hatte, wollte ich nicht auf das große komfortable Auto umsteigen, sondern flitzte freudig und behände durch die zahlreichen Tunnels. Der Jaguar stand indessen wie verloren in der Garage. Er tat mir richtig leid, und manchmal nachts, wenn ich nicht schlafen konnte, dachte ich darüber nach, ob ich ihn denn nicht wenigstens gelegentlich bewegen sollte. Aber ich konnte es drehen und wenden, wie ich wollte, die Zeit der großen Limousine war endgültig vorbei. Und nur aufgrund der ständigen Nörgelei meines Partners von wegen ungenügender Verkehrssicherheit und dergleichen, was eben Männern dann so sagen, wenn ihnen kein vernünftiges Argument mehr einfallen will, verabschiedete ich mich von beiden Autos. Inzwischen bin ich bei einem mittelprächtigen Seniorenmodell gelandet.

Ja, im Alter ist Rückbau angesagt. Sich von Erworbenem zu

trennen, kleinere Brötchen backen, es ist Zeit, sich langsam auf den letzten Akt vorzubereiten.

Katholische Pionierin – Das Fräulein unter 72 Männern

Zu meinem Bedauern habe ich mich längst nicht mit allen, die am Klassentreffen teilnahmen, unterhalten. Ausgerechnet mit Rita kam es zu keinem Gespräch. Deshalb frage ich sie hinterher an, ob wir uns treffen können. Sie ist sofort einverstanden, und ich freue mich sehr. Nicht etwa, dass wir uns als Kinder sehr nah waren. Im Gegenteil, wir hatten kaum Kontakt miteinander. Schon was unsere familiäre Zugehörigkeit betraf, hätten wir unterschiedlicher kaum sein können. Sie stammte aus einer Familie, die im katholischen Glauben und in der Pfarrei eingebettet war. Mir hingegen war diese wohlgeordnete, im hierarchischen klerikalen Ordnungssystem gegründete Welt eher fremd. Trotzdem: Die überwältigende Pracht der Klosterkirche St. Ulrich, eines ehemaligen Augustinerstifts in Kreuzlingen, schlug mich mit ihren beeindruckenden Deckenmalereien in Bann: Moses mit der ehernen Schlange, die Holzfiguren in der Ölbergkapelle mit Gnadenkreuz auf dem Kalvarienberg, der aus Buchenstücken zu Grottenwerk gestaltete Ölberg und allem voran die überlebensgroßen Statuen der Kirchenpatrone St. Ulrich und St. Afra, die als Wächter posierten, gigantisch und machtvoll. Jeder festliche Gottesdienst mit den entsprechenden Insignien und Requisiten, dem feierlichen Beräuchern mit Weihrauch und assortiert von kostümbildnerischen

Meisterwerken bestickter Roben in betörenden Farben entzückte mich: Ob es ein kardinalroter Umhang war, ein tiefgründiges Violett, das da zwischen schneeweißen Spitzen hervorlugte, oder ein weit schwingendes, marzipangrünes, mit kobaltblauen Sternen übersätes Cape, immer war es ein Schauspiel von besonderer Art. Ich gehe davon aus, dass mein Interesse an der Modewelt, das bis zum heutigen Tag ungebrochen anhält, hier seinen Ursprung genommen hat. Ich kannte jeden Faltenwurf der prächtigen Kostüme, jede verschwurbelte Krümmung des pechschwarzen, in symmetrische Pfauenräder gegliederten Chorgitters. All die Sinneswelten beeindruckten mich weit mehr als die inhaltlichen Aspekte der Kirche, die für mich schwer zu begreifen waren. Vor allem die Sache mit der Trinität machte mir große Mühe. Zudem konnte ich die Kröte mit der grundsätzlichen Schuldhaftigkeit der Menschenkinder nicht schlucken. Ich fühlte mich in keiner Weise schuldig und hatte auch nicht das Bedürfnis, mich von einer Person, die dank ihres kirchlichen Amtes dazu befähigt sein sollte, von etwas freisprechen zu lassen, das ich gar nicht fühlte.

Als ich mit Beginn der Pubertät allmählich zu begreifen begann, dass Frauen in der Kirche aufgrund ihrer Geschlechtszugehörigkeit vor allem für Dienstfunktionen bestimmt waren und auch nicht zum Priester geweiht werden können, kehrte ich dem ganzen katholischen Verein den Rücken und wandte mich definitiv ab. Ich erinnerte mich an den Ausspruch von Helmers Vater, als er dem Lehrer an den Kopf warf: «Wenn Ihnen mein Sohn nicht gefällt, dann gefällt mir Ihre Schule nicht.» Diese Worte müssen bei mir damals ordentlich Eindruck gemacht haben, schließlich stellt eine derartige Umkehr die Möglichkeit in Aussicht, sich aus sämtlichen rollendefinierten Anpassungen entlassen zu wähnen. Und so beschloss ich: «Wenn mich die Kirche als Frau nicht akzeptiert, dann akzeptiere ich diese Kirche nicht, dann baue ich mir meinen eigenen Tempel.» Wobei noch völlig unklar war, mit welchem «Baumaterial» so etwas zu schaffen wäre.

So irrte ich über einige Jahre in religiösen Dingen wie ein steuerloses Schiff herum, umgeben von Gleichaltrigen, die ebenfalls ohne Kompass unterwegs waren. Das änderte sich erst, als ich meinen Schwiegervater kennenlernte. Er führte mich in die buddhistische Lehre ein. Und alles, was ich irgendwie erahnte, wofür ich aber noch keine Worte hatte, fand ich dort vor. Es war, als wäre ich nach einer langen Irrfahrt nach Hause gekommen. Die Karma-Lehre deckte sich punktgenau mit meiner Einstellung, für sich selbst, das eigene Handeln und Denken verantwortlich zu sein.

Erst Jahrzehnte später regte sich in mir das Bedürfnis, mich wieder an das Christentum heranzutasten. Zunächst besuchte ich Kirchenkonzerte, die in der Klosterkirche stattfanden. So saß ich wieder auf der harten Bank, schaute mir die Bilder, die ich so gut kannte, an und erlebte – so wie damals – ein beinahe kindliches Gefühl, in einer großen Hand aufgehoben zu sein, aus der ich niemals herausfallen kann. Das war der Auftakt. Er setzte sich fort in einer neuerlichen Lektüre der Bibel, ohne mich von theologischen Erklärungen stören zu lassen. Über die zahlreichen Vortragsnachschriften des Religionsphilosophen Herman Weidelener lernte ich Textstellen zu verstehen, die mir endlich die Baumaterialien lieferten, um meinen eigenen Tempel zu errichten, in dem sich zwei gegensätzliche

Gedankenwelten begegnen: Buddhismus und Christentum. Ich war gewissermaßen nach beiden Seiten hin offen und interessiert, sortierte das für mich heraus, was mir in meinem Leben hilfreich sein konnte. Gelegentlich erfuhr ich in den Medien etwas über die außergewöhnlichen Aktivitäten von Rita Bausch, die vom Bistum Basel mit der bis dahin noch nicht existierenden Stelle einer katholischen Gemeindeleiterin beauftragt wurde.

Bereits bei unserem Klassentreffen fiel mir auf, dass Rita an einer schweren Gehbehinderung litt. Nun erfahre ich, wie es dazu gekommen ist. An dem Tag, als Papst Franziskus gewählt wurde, gab eine Hirnblutung ihrem zu diesem Zeitpunkt aktiven Leben eine andere Richtung. Motorisch erholte sie sich wieder so gut, dass ihr kaum etwas anzumerken war. Mit großer Anstrengung arbeitete sie weiterhin in der Seelsorge. Fünf Jahre später erlitt sie eine Entzündung im Rückenmark und ist seitdem inkomplett querschnittsgelähmt. Seither kämpft sie sich Schritt für Schritt in ihren Alltag zurück, alles gehe nun sehr viel langsamer, und sie benötige viel Zeit für sich. An berufliche Aktivitäten sei nicht mehr zu denken, wobei sie noch immer mit Menschen, die ihre Hilfe oder seelischen Beistand bedürfen, in Kontakt sei. Als wir nun als alte Frauen in ihrer hellen, rollstuhlgängigen Wohnung am runden Tisch beieinandersitzen, überfluten uns die Erinnerungen geradezu: «Weißt du noch …?» So tragen wir Ereignisse, Erlebnisse und Erfahrungen aus unserer Schulzeit zusammen, staunen über die zahlreichen Bilder, die uns durch den Kopf gehen und uns gegenseitig anregen.

«Mir ging es im Gottesdienst nicht anders als dir», erzählt

Rita, «aber die hochtheologische Frage der Trinität stellte ich mir nicht. Ich hatte einen einfachen kindlichen Glauben und Gottvertrauen. Im Gegensatz zu dir ging ich eigentlich gerne beichten. Mit ‹meinem› Pfarrer Gmür konnte ich beim Beichten auch immer wieder meine Fragen besprechen. Und am Schluss sagte er zu mir: ‹Du bisch e Liebi.› Als ich einmal lieber gespielt hätte, als samstags zur Beichte zu gehen, fragte ich Mama: ‹Warum muss ich gehen, Herr Pfarrer sagt ja immer, ich sei eine Liebe?» Meine Mama antwortete darauf: ‹Genau, damit du das hörst, und das tut dir gut.› Aus meiner Kinder- und Jugendzeit bin ich also nicht ‹beichtgeschädigt›. Ich machte zwar als Jugendliche meine Glaubens- und Kirchenzweifel durch, doch mein Grundvertrauen in einen guten Gott habe ich nie ganz verloren.» Obwohl sich Rita nicht daran erinnern kann, dass in ihrer Familie theologische oder ecclesiologische Fragen intensiv diskutiert oder anderweitige religiöse Gespräche geführt wurden, fühlte sie sich mit ihrer Familie in der Pfarrgemeinschaft der Volkskirche beheimatet.

Wie war es möglich, dass wir uns zuvor nicht begegneten, obwohl wir zusammen die gleiche Schule besuchten! Dabei verliefen unsere Lebensläufe, wie wir nun feststellen, beinahe synchron zueinander. Bereits unsere Bildungsbiografien ähneln einander: Wir haben beide zuerst einen Beruf erlernt, sie als Kindergärtnerin, ich als Papeteristin. Der Hunger nach Bildung ließ uns so lange suchen, bis wir unser jeweiliges Thema gefunden hatten. Rita interessierten die Fragen: «Wie ist das mit Gott und uns? Wie kann ich die biblischen Texte besser verstehen? Wie kann Menschen geholfen werden, damit sie zu einem gelingenden und getrösteten Leben gelangen?» Während Rita von ihrem Vater einfühlsam zur Theologie geleitet wurde, suchte ich zunächst vaterlos nach Antworten über das Menschsein, Welt und Sinn. Zusehends nahm mein Interesse, mich mit der menschlichen Psyche fundiert auseinanderzusetzen, Fahrt auf, bis ich schließlich im Fachbereich der Psychologie landete. Wir waren typische «Spätzünder», die nicht einen klassischen Bildungsaufbau vorzuweisen haben. Unabhängig voneinander qualifizierten wir uns auf dem dritten Bildungsweg. Bei uns beiden darf sich das Ergebnis sehen lassen, wir waren beide erfolgreich im Berufsleben, beide mit guter Resonanz – selbst im öffentlichen Bereich.

Rita hat zweifellos einen außerordentlichen Weg innerhalb der katholischen Kirche hingelegt, und die Frage drängt sich auf, wie es ihr wohl gelungen ist, einerseits sich selbst treu zu bleiben und gleichzeitig in einer durch und durch männlich dominierten Hierarchie Position zu erarbeiten und zu festigen. Sie ist mit älteren Brüdern und einer jüngeren Schwester aufgewachsen, also ein sogenanntes Dazwischenkind. Der Nachteil ist womöglich, leicht übersehen zu werden, es kann aber auch Ansporn sein, sich mit speziellen Leistungen bemerkbar zu machen. Die Vorteile indessen sind nicht zu unterschätzen. Schließlich eröffnet diese Position in der Geschwisterreihe eine mehrdimensionale Sicht auf die Welt. Während der vorwärtsgewandte Blick zu den älteren Geschwistern Entwicklungsmöglichkeiten aufzeigt, dokumentiert die Sicht zurück die bereits erworbenen Fähigkeiten. Somit ist die «multioptionale» Perspektive gut verankert und bewahrt davor, sich im Schwarz-Weiß-Denken zu verrennen. Da, wo andere opponieren, querschießen und sich dadurch unter Umständen selbst blockieren oder gar schädigen, suchen diese Menschen eher den Dialog, sind konsensorientiert und arbeiten Verbindendes heraus. Diese Kompetenz ist wohl eines der markanten Markenzeichen der außergewöhnlichen Lebensleistung von Rita. Der Generalvikar des Bistums Basel stellte sie anlässlich einer Großveranstaltung sogar als «die weltweit mächtigste Frau in der Kirche» vor, die die bischöfliche Kommission für die Priester und LaientheologInnen leitete.

Ritas Kapital ist zweifellos die einstige familiäre Eingebundenheit, die ihr Sicherheit und das Gefühl vermittelte, ein wertvoller Mensch zu sein. Nach drei Buben kam endlich ein Mädchen. Zu ihrem Vater hatte sie eine besonders innige Beziehung. Schon früh erkannte er ihre Neigung zu religiösen Belangen, förderte und respektierte sie. Über Gleichberechtigung wurde nicht nur geredet, sie war Realität. Alle Geschwister wurden gleich behandelt, die zu verrichtenden Arbeiten wurden ungeachtet des Geschlechts auf alle verteilt. So ist es auch nicht verwunderlich, dass sich Rita nicht explizit für die Rechte der Frauen einsetzen wollte, ihr Engagement galt immer allen. Es wäre ihr deshalb auch nie in den Sinn gekommen, sich etwa als Feministin zu bezeichnen. Gleichberechtigung war selbstverständlich, so hatte sie es stets erlebt, und sie verspürte keinerlei Bedürfnis, sich diesem Aspekt besonders zu widmen. Auf meinen Einwand «Du hast diesen katholischen Männerverein aber gehörig aufgemischt» meint sie in ihrer bescheidenen Art, man solle das alles nicht überbewerten. Trotzdem: Rita Bausch hat Spuren hinterlassen. Wenn sie an Konferenzen als einziges «Fräulein» unter 72 Priestern mitdiskutierte, sorgte allein dieser Einbruch in die bisher unangetastete männliche

Herrschaft für Irritationen. Ein Priester meinte dazu: «Sie stört die priesterliche Spiritualität». Obwohl das logische Ziel des Frauenpriestertums (noch) nicht erreicht ist, hat sie mit ihrem langjährigen ungebrochenen Engagement Zeichen gesetzt und vielen Frauen Wege in der Kirche aufgetan.Über mehrere Jahre wurde sie von Radio und Fernsehen für die Sonntagspredigt und das «Das Wort zum Sonntag» verpflichtet. Sie organisierte Veranstaltungen, arbeitete als Kommissionsmitglied in verschiedenen Funktionen, referierte und unterrichtete bei Symposien sowie in zahlreichen Aus- und Weiterbildungskursen. Den Gemeindemitgliedern war sie längst als Frau Pfarrer bekannt und wurde von ihnen in dieser Rolle geschätzt. Mit einem ihrer reformierten Arbeitskollegen, der in derselben Gemeinde als Pfarrer amtierte, traf sie sich wöchentlich zum «ökumenischen Tennismatch», jeweils morgens um 7 Uhr auf dem Tennisplatz. Schließlich lag ihr viel daran, Ökumene im praktischen Leben umzusetzen.

Allerdings war es nicht einfach, sich durch eine für Frauen typische Kränkung, der Benachteiligung allein aufgrund der Geschlechtszugehörigkeit, nicht entmutigen zu lassen. Während ihre Studienkollegen zu Priestern geweiht wurden, blieb ihr diese Auszeichnung verwehrt. Obwohl sie längst die Funktion eines Pfarrers ausübte, ausgenommen einiger ausschließlich dem männlichen Geschlecht vorbehaltenen Verrichtungen, war ihr die Priesterweihe – weil sie eine Frau war! – versagt. Spätestens an dieser Stelle würde eine kritische Haltung zu erwarten sein, um kämpferisch Gleichberechtigung einzufordern. Nicht so bei Rita Bausch. Obwohl diese Zurücksetzung für sie selbstverständlich auch schmerzlich war, sah sie gerade darin eine Möglichkeit, ihr Amt, das es in dieser Form noch nicht gab, frei nach ihren Vorstellungen und nach den Schwerpunkten, die ihr besonders wichtig waren, zu gestalten. Feministinnen erwarten hingegen eine kämpferische Haltung, die Geschlechterdiskriminierung an den Pranger stellt, um derartigen absurden Formalitäten den Kampf anzusagen. Und tatsächlich laufen einige Regelungen jedem gesunden Menschenverstand zuwider. So war es Rita zum Beispiel erlaubt, ökumenische Trauungen vorzunehmen. War das Paar hingegen katholisch, durfte sie den Akt der Weihe nicht ausführen. Rita gelang es trotzdem immer, einen Weg zu finden. Schließlich existiert in einem solch komplizierten Regelwerk wie dem der katholischen Kirche immer ein Hintertürchen, um auf dem Weg der *sanatio in radice* (der nachträglichen Vergebung) den Dienst ohne Sanktionen weiterhin zu versehen.

Ritas Haltung, nicht offensiv gegen die verkrusteten Strukturen zu opponieren, haben ihr später immer wieder heftige Kritik von Feministinnen eingebracht, die in ihr eine Art Verräterin sahen. Dass sie mit ihrer nach Konsens ausgerichteten Strategie mehr erreichte als mit Kampfgeschrei, konnten leicht überhitzte Gemüter nicht erkennen, vor allem ihre Verdienste, was sie in der katholischen Kirche für Frauen erreicht hat, wurden bisher leider nicht gewürdigt. Besonders in der Phase, als der Opferfeminismus hoch im Kurs stand, fehlte die Bereitschaft, Argumente zu berücksichtigen, die ernsthaft und respektvoll eine männliche Sicht einbezogen. Auch ich kann ein Liedchen davon singen. Allein die Tatsache, nicht grundsätzlich gegen alle Männer zu sein, konnte einen unverzüglich ins Antifeministinnen-Lager katapultieren. Ich kann mich noch gut erinnern, wie ich beim öffentlichen Vortrag eines Hesse-Gedichtes unverzüglich und unsanft unterbrochen wurde, weil in diesem Frauenkreis alles, was Männer geschrieben haben, verdammt wurde. Es ist noch nicht allzu lange her, da gehörten eine extrem linke Position und feministische Anliegen wie siamesische Zwillinge untrennbar zusammen. Wenn ich zu Veranstaltungen eingeladen wurde und mit meinem Jaguar vorfuhr, war ich von vorneherein disqualifiziert. Wer da nicht mit Fahrrad und Rucksack unterwegs war, hatte die Kampfinhalte nicht begriffen und konnte nicht mitreden.

Während Rita auch bei Ausgrenzungen – ich denke da vor allem an die Weigerung, sie zur Priesterin zu weihen – mit Gelassenheit und Klugheit die freien Räume nutzte, neige ich – auch im fortgeschrittenen Alter – eher zur Konfrontation. Aber mit ihrer Art des Umgangs ist es ihr gelungen, ihrem inneren Anliegen, sich hilfreich für das Heil der Menschen einzusetzen, die Treue zu halten. So war es ihr möglich, vielen Suchenden trotz allem den Zugang zur Kirche zu bewahren und sie in ihrem Glauben zu stärken. Mir hingegen fehlte vor allem in jungen Jahren gelegentlich die ruhige Hand, einen Konflikt, der sich auf die Diskriminierung der Frau bezog, auszusitzen oder ausgleichend zu intervenieren. Stattdessen verhedderte ich mich in der Opposition. Würde man jedoch beide Pole zusammenfügen, wäre das Ergebnis eine gute Ausgangsposition, um sich zielgerichtet für die Sache der Frau einzusetzen.

Ich zähle nicht die Stunden, die Rita und ich zusammensitzen, uns gegenseitig inspirieren, rückblickend Erinnerungen ins Gedächtnis rufen, Episoden analysieren, um zu ordnen und zu verstehen. Jedenfalls gehört dieser Austausch zum Schönsten, was ich als alte Frau erlebt habe. Und wenn ich mich gelegentlich dabei ertappe, für Frauen diskriminierende Verhältnisse mit großer Heftigkeit anzuprangern, denke ich an unsere Gespräche, was sich sofort mäßigend auf mich auswirkt. Wir lernen also nicht nur im Kindesalter voneinander, sondern sind auch im Alter in unseren Entwicklungsprozess miteinander verbunden – und zwar bis zum letzten Atemzug. Danke, Rita.

AUFBLENDE

Ein Klassentreffen ist wie eine abenteuerliche Reise in die eigene Vergangenheit, wo wir auf einstige Weggefährten treffen, mit denen uns eine gemeinsame Geschichte verbindet. Durch die Begegnung mit Menschen aus unserer Jugend werden Erinnerungen belebt, die uns in Episoden und Erlebnissen widerspiegeln, wie wir uns damals als Kind gefühlt, wie wir uns verhalten haben, was uns beeindruckt oder abgestoßen hat. Wir sitzen nun mit dem Erwachsenenblick in einer komfortablen Loge und sind nicht mehr als unmittelbar Betroffene dem Geschehen ausgesetzt, können von außen und im Rückblick die Szenen mit ihren Handlungsabläufen und Ereignissen genau beobachten. Wir spüren nochmals Emotionen nach, die uns damals entweder beschäftigten, die wir vielleicht nicht begreifen konnten oder die wir nicht einmal bewusst wahrgenommen haben. Rückwirkend lernen wir uns selbst verstehen und gewinnen damit auch Verständnis für die eigene Entwicklung. Mit den erinnerten Bildern begegnen wir uns selbst – dem, was wir fühlten, was uns schmerzte und ärgerte, traurig oder wütend und ratlos machte. Mit unserem Erfahrungskapital der gelebten Jahrzehnte verfügen wir über ein Instrument der Verarbeitung, das uns davor bewahrt, dass wir uns in emotionalem Aufgewühltsein verlieren und betriebsblind werden. Im Gegenteil, als Erwachsene haben sich die meisten im Laufe der zu bewältigenden Lebensaufgaben die zusätzliche Fähigkeit erworben, Beobachtungen kritisch zu filtern, zu untersuchen und daraus Schlüsse zu ziehen. Deshalb bietet ein Klassentreffen reichhaltiges Lehrmaterial, das es zu ordnen gilt und uns eine der wichtigsten Fragen beantwortet: «Wie bin ich geworden, so, wie ich bin?»

Vielleicht begreifen wir erst im Rückblick auf unsere Schulzeit, weshalb bestimmte Ereignisse tiefe Spuren in uns hinterlassen haben, die unser zukünftiges Leben bis zum heutigen Tag prägen. Vielleicht kommen wir uns endlich auf die Schliche, weshalb wir immer noch Hindernisse zuversichtlich anpacken oder warum wir eher dazu neigen, uns auf der Schattenseite des Lebens zu wähnen und die Flinte ins Korn zu werfen. Vielleicht erinnern wir uns auch, wie wir erste außerfamiliäre emotionale Verbindungen zu Freunden und Freundinnen knüpften, ob Freundschaften glückten oder ob wir Erfahrungen von Verrat zu verarbeiten hatten. Schließlich bilden diese Erfahrungen die Grundlage für den späteren Umgang in Beziehungen und letztlich auch für die Liebe. Wir entdecken plötzlich den gesamten informellen Lehrplan mitsamt seinen spannenden Lerninhalten – was sich durch die Begegnung mit anderen Kindern ergab und eventuell einen viel größeren Einfluss auf unsere Entwicklung ausgeübt hat als der obligatorische Schulstoff. Wir lernten von anderen Kindern neue Lebenswelten kennen, andere Väter, andere Mütter, sie öffneten uns ein Guckloch zum Leben. Ein Klassentreffen beschert uns die gesamte Gefühls- und Befindlichkeitspalette aus der Kinderzeit.

Vielleicht wundern wir uns, weshalb alte Bilder und Episoden in einer derart differenzierten und klaren Schärfe aufgezeichnet und abrufbar sind. Wir können immer wieder feststellen, dass ältere Menschen ausführlich über Vergangenes berichten, entweder um sich daran zu erfreuen oder aber um Unerledigtes zu verarbeiten und damit einen unangenehmen inneren Druck loszuwerden. Es ist nicht ungewöhnlich, wenn gerade die Vergangenheit, die zeitlich sehr viel länger zurückliegt als unlängst Geschehenes, in vielen Fällen differenzierter und lebendiger erinnert wird als Gegenwärtiges. Wenn wir uns das Leben als Kreis vorstellen, wird es verständlich, dass das Ende dem Ausgangspunkt zustrebt. Die Entfernung wird nach der Überschreitung der Hälfte des Kreises, der Lebensmitte, stets geringer, und je älter wir werden, umso näher rücken wir wieder an die ersten Jahre heran, und die Erlebnisse zeigen sich in einer Lebendigkeit, als ob sie sich erst kürzlich zugetragen hätten. Wenn wir nach der Lebensmitte beginnen, uns mit unserem Werdegang zu beschäftigen, ist das also ein ganz natürlicher Vorgang. Diese Auseinandersetzung ist in zweifacher Hinsicht lohnend. Zum einen erhalten wir einen tiefen Einblick in die eigene Lebensgeschichte. Wir lernen, welches Kapital uns von der Herkunftsfamilie zur Verfügung stand oder aber mit welcher Hypothek wir belastet waren. Zugleich erfahren wir, wie wir mit dem familiären Wertekanon umgegangen sind, ob wir ihn einfach übernehmen konnten oder ob wir unser Welt- und Menschenbild durch die Begegnung mit unseren Mitschülern und Mitschülerinnen ergänzt oder korrigiert haben. Wir erhalten wie in einem Film vorgeführt, welche Lebensmodelle uns zunächst zur Verfügung standen und wie wir damit in die Welt gestartet sind, ob sie uns ein gutes Selbstwertgefühl zu vermitteln vermochten oder ob wir lebenshinderliche Muster zu überwinden hatten. Wir haben sogar die Möglichkeit, anhand der Biografien von einstigen Schulkollegen, Mitschülerinnen und Freundinnen Muster zu erkennen und was sich daraus entwickelt hat. Somit enthüllt jedes Klassentreffen eine Fülle des einstigen Schulungsmaterials, um sowohl den eigenen Lebenslauf als auch die der anderen zu verstehen.

Der andere Aspekt aber ist von noch größerer Bedeutung und führt uns direkt zu den wichtigsten menschlichen Fragen. Denn ein Klassentreffen bringt uns nochmals in das Erleben zurück, wie wir es als Kind erfahren haben. Und es grenzt irgendwie an ein Wunder, dass wir unsere einstigen Emotionen, die durch Gefühle ausgelöst wurden, nochmals erleben, als wenn es sich direkt in der Gegenwart abspielte. Auch Redewendungen, die wir benutzt haben, Gedanken, Abwägungen, Beurteilungen und Bewertungen treten plötzlich wieder in Erinnerung und lassen sich in unverbrauchter Frische abrufen. Es ist, als ob es eine innere, völlig unveränderte Erfahrungswirklichkeit gebe, die sich in uns, unangetastet von den zurückgelegten Lebensjahren, bemerkbar macht. Selbst Personen, die sich ganz und gar zellular-materialistisch orientieren und davon ausgehen, dass der Mensch lediglich eine Ansammlung von Eiweißmolekülen sei und mit dem Tod zerfällt, gibt die Erfahrung unveränderlich gebliebener Sinneswahrnehmungen zu denken. Nimmt man die als älterer Mensch erlebbare kindliche Emotion ernst und fragt sich, ob und vor allem an welchem Ort denn alles abgespeichert worden ist, landen wir bei interessanten Antworten. Selbstverständlich ist es möglich, dieses Phänomen mittels hirnphysiologischer Modelle zu erklären. Ich habe in meiner psychotherapeutischen Arbeit mit Menschen immer wieder erlebt, dass sich auch bei sogenannten Hardlinern («Ich glaube nur, was wissenschaftlich bewiesen werden kann») plötzlich die Frage auftauchte, ob der Mensch eventuell nicht doch eine Seele habe, in der die ganzen Erfahrungen aufgezeichnet werden, stets unveränderlich, jung – also ewig erhalten bleiben.

Wir erleben zwar im Laufe unseres Lebens, dass alles vergänglich ist. Gerade in fortgeschrittenen Jahren ist diese Erkenntnis sehr oft mit Wehmut und Schmerz verbunden. Wenn wir nun aber erleben, dass sich in uns ein seelisches Erlebnisfeld verbirgt, das alles exakt aufgezeichnet hat und selbst unverändert erhalten geblieben ist, enthüllt sich eine tröstende Perspektive. Denn damit machen wir eine der wichtigsten Entdeckungen: Es gibt zwei Wirklichkeiten, eine äußere, die der Vergänglichkeit unterworfen ist, und eine innere, die ewig jung und frühlingshaft bleibt.

Allein diese wohl wichtigste Erkenntnis, an die wir mit einem Klassentreffen herangeführt werden, ist es wert, daran teilzunehmen, sich von den Eindrücken zum eigenen Nachdenken anregen zu lassen. So fügen wir Anfang und Ende wieder auf einen Punkt zusammen und wissen, dass unsere Seele ewig und unsterblich ist.

Und sollte demnächst wieder eine Einladung kommen – ich bin dabei.